KB070504

야구

문화의 길 007
삶의 여백 혹은 심장
야구

ⓒ 김은식 2013

초판 1쇄 인쇄 2013년 11월 15일 초판 1쇄 발행 2013년 11월 22일
지은이 김은식 **펴낸이** 이기섭 **기획** (재)인천문화재단 **편집** 최광렬 **마케팅** 조재성 성기준 정윤성 한성진 정영은
관리 김미란 장혜정 **디자인** 오필민 디자인 **펴낸곳** 한겨레출판(주) **등록** 2006년 1월 4일 제313-2006-00003호
주소 121-750 서울시 마포구 공덕동 116-25 한겨레신문사 4층 **전화** 02)6383-1602~3 **팩스** 02)6383-1610
홈페이지 www.hanibook.co.kr **이메일** ckr@hanibook.co.kr

값은 뒤표지에 있습니다. 파본이나 잘못된 책은 서점에서 바꾸어 드립니다.

ISBN 978-89-8431-723-9 04080

문화의 길
총서
07

삶의여백
혹은 심장

야
구

김은식

한겨레출판

도시와 야구

사람이 무언가(사람이건 사물이건)와 관계를 맺게 하는 것은, 혹시 사랑하는 마음이 아니라면, 분명히 이기심일 것이다. 그래서 사람이 자신이 살아가는 지역을 사랑하느냐 아니냐는 아주 중요한 문제다. 만약 사랑하지 않는다면, 길거리에 구르는 휴지 한 장 줍는 것도 기대할 수 없는 일일 뿐 아니라 그 지역의 미래에 관한 모든 것을 '돈'의 기준으로만 생각하고 소망하게 될 것이기 때문이다. 끝없는 재개발과 재건축을 통한 부동산 가치 상승의 열망에 사로잡힌 오늘날 대부분의 도시인, 아니 한국인들처럼 말이다.

그래서 나는 또 다른 삶의 풍경을 한번 상상해 본다. 국회의원 후보자가 '뉴타운'과 '재개발' 대신 '소담한 꽃으로 꾸며진 자전거 길'과 '마을 도서관 도서 확충' 공약으로 유권자의 환심을 사려 하는 사회. 그리고 그린벨트를 풀고 초고층 주상복합건물을 올린다는 소식 앞에서 봄마다 흩날리던 아카시아 꽃향기를 다시는 맡을 수 없게 되었음을 아쉬워하며 고개 가로젓는 사람들. 사람 사이가 사랑으로 이어진 관계의 사회. 그래야 사람 사는 것이고, 사람 사는 곳이 아닐까 해서다.

　요 몇 해 사이 한국 야구가 올림픽에서 금메달을 따고 WBC에서 준 우승을 차지하며 명실공히 세계 최강의 반열에 올랐다. 아시아 최강을 자처하던 일본은 물론이고 국제전의 전설 쿠바와 종주국 미국도 두려워하는 강국으로 자리매김을 한 것이다. 경제 위기의 우울함 속에서 만난 청량제였고, 비루한 일상에 치여 자칫 놓아 버릴 뻔했던 한국인들의 자존감을 지켜 준 쾌거였다.

　그러나 단순한 '국위 선양'이니 '희망의 메시지'니 하는 말로는 우리에게 야구가 가지는 의미를 충분히 설명하지 못한다. 한국인들이 백년 이상 야구를 사랑하고 삼십 년 넘게 '프로야구'라는 나무를 키워 온 가장 큰 보람은, 이 땅과 이곳의 자연을 함께 나누는 사람들을 사랑하는 마음을 야구가 지켜 준 데 있기 때문이다.

　생각해 보면 〈부산 갈매기〉와 〈목포의 눈물〉을 부르며 낯선 이웃과도 푸근하게 어깨동무하게 하고, 고층 빌딩 숲 대신 파란 잔디밭이 주는 행복감을 잠시나마 꿈꾸게 해 준 것이 야구 아니었던가. 그러니 야구마저 빼고 생각한다면, 사람들이 자신이 살고 있는 도시, 그리고 그곳에서 아침마다 좁은 버스와 전철 안에서 민망하게 부대껴야 하는 이웃들에게 애틋한 연대감을 느껴 볼 시간이 언제 다시 있었겠는가.

물론 애초부터 야구가 한국인들에게 주어진 선물이었고 대단한 축복이었다고 미화하려는 것은 아니다. 오히려 야구는 별수 없이 식민화 과정에서 들어온 부산물이었고, 프로야구는 군사독재 정권의 우민화 전략과 떼어서 생각하기 어렵다. 특히 프로야구의 30여 년 역사는 사실상 내내 팬들을 홀대하고 소외시키고 서럽게 만들어 온 세월이기도 했다. 군사정권의 정치 공작으로 시작되어 기업들 사이의 힘겨루기와 자존심 싸움으로 이어져 온 그 맹목적인 승부 집착의 헛발질에 팬들의 자리는 애초에 마련되어 있지 않았기 때문이다. 그리고 그 잔혹사의 상징과도 같은 것이 바로 인천 야구였고 인천의 야구팬들이었다.

프로야구가 시작된 1982년, 다승왕이었던 투수 박철순이 22승을 올렸고, 삼성 라이온즈의 선발투수 3총사 이선희, 권영호, 황규봉이 각각 15승을 기록했다. 그런데 같은 해에 유일하게 국가 대표 출신을 한 명도 보유하지 못했던 인천 팀 삼미 슈퍼스타즈가 시즌 80경기 중 건진 승수가 단 15승이었다. 그해 삼미는 우승 팀 OB 베어스와 16번 붙어 16번 지는 신화를 썼고, 준우승팀 삼성 라이온즈에는 두 번이나 20점을 내주며 야구장 전광판 관리인을 곤혹스럽게 만들었다.

그러나 그보다도 더 끔찍했던 것은 마치 폭탄 돌리듯 돌아갔던 숨가쁜 매각과 매각의 릴레이였다. 팀 최다인 18연패라는 불멸의 신화를 남긴 1985년 전기 리그를 끝으로 마침내 삼미가 나가떨어지고 후기 리그부터 청보가 바통을 물려받는, 한국 프로야구 사상 첫 팀 매각이 이루어졌다. 그러나 청보 역시 2년 반 동안 두 번의 꼴찌(한 번은 신생 팀 빙그레 이글스 덕분에 뒤에서 2등)를 경험하고는 무릎을 꿇었고, 그나마 8년이나 버텨 내며 여섯 번이나 탈꼴찌에 성공했던(다시 말해, 역시 두 번은 꼴찌를 했던) 세 번째 주인 태평양도 1996년 현대에 짐을 넘기고 야구 판을 떠나고 말았다. 네 번째 주인 현대는 인천 연고 팀 사상 첫 우승에 성공하기도 했지만, 불과 4년 만인 2000년 연고지 이전이라는 새로운 방식으로 상처를 주기도 했다.

그렇게 새로 들어온 기업마다 "인천 팬들의 자존심을 되찾아 드리겠

다"고 웃음을 지어 보였지만, 두 번 세 번 손을 탈수록 인천 팬들은 어쩐지 천덕꾸러기가 되어 친척들 사이에 이 집 저 집 돌림을 당하는 고아가 된 듯한 기분을 떨칠 수 없었다.

정말 프로야구의 주인은 팬이었고, 구단들은 팬들만 바라보고 달려온 것이었을까? 물론 그렇지 않다. 어차피 팬들 주머니에서 나온 푼돈 따위로 메워질 적자가 아니었던 마당에 프로야구 구단들로서는 우승을 해서 모기업 총수의 위신을 세워 주는 것만이 지상 과제였을 뿐, '팬을 위한 봉사'라는 것은 '립 서비스' 이상의 의미를 가질 수 없었다. 더구나 대한민국의 4대 도시로서 지역 연고제의 한 축을 맡았다고는 하나 예컨대 삼성처럼 '얼마든지 적자를 감수하고라도 야구단에 아낌없이 투자를 해 줄' 대기업을 가지고 있지도 못했던 인천에서 그 진실은 적나라하게 드러나고 말았던 것이다.

끊임없이 발전해 온 한국 프로야구의 아물지 않은 상처가 바로 그곳에 있고, 여전히 넘어서야 할 과제 또한 그곳에 있다. 지역을 막론하고 여전히 팬들이 프로야구의 주인이라고 확신하기 어렵고, 사정이 여의

치 않을 경우 구단이 팬과 지역을 버리고 떠나지 않으리라는 장담을 하기 어렵다. 그래서 인천의 상처를 치유하는 곳에 한국 프로야구의 질적인 도약의 길이 있다.

지금부터 그 인천에서 야구가 사람과, 지역과, 역사와 맺어 온 관계들을 따라가 보려고 한다. 최초의 근대 무역항으로서 서양 문물인 야구 역시 가장 먼저 들어와 시작되고 일찍이 꽃을 피웠던 역사적인 땅. 그러나 곧 냉전과 산업화 과정에서 고립되고 정체되어 급격한 쇠락의 길을 걸으며 숱한 희로애락을 심어 온 고장. 그 애틋한 흔적들을 돌아보고 보듬어 보면서, 우리가 단순한 승부의 세계 이상으로 꿈꾸는 야구와 사람들에 대한 소망을 그려 보고자 하는 것이다.

이제 군사정권의 강압이 사라진 대신 철저한 시장 논리로 삶과 죽음이 갈리는 적나라한 시대가 도래했고, 야구장도 예외는 아니다. 그러나 그런 시대에 다시 한 번 분명해지는 것은 팬이 있어야 야구가 있고 팬의 사랑이 있어야 야구단이 산다는 사실이다. 그리고 야구를 통해 고립된 개인이 공동체의 구성원으로 거듭날 수 있고 그렇게 이루어진 공동체에 의해 사람 살 만한 지역이 가꾸어진다는 점에서, 팬과 구단이 나아가야 할 길은 다르지 않다는 점을 되새기게 된다.

인천에는 한국 야구계의 존경을 받을 만한 명문가가 있다. 인천 야구의 선구자 김선웅 선생님, 인천대 인문대학장이자 인천 야구사에 관한 학문적 연구의 길을 홀로 지켜오다시피 한 김종은 교수님, 그리고 야구사와 기록에 관한 걸어 다니는 백과사전이라고 할 만한 젊은 야구 전문가 김우정 씨의 3대가 그 주인공이다. 특히 김종은 교수님과 김우정 씨는 이 책의 원고를 세밀하게 읽고 크고 작은 오류를 바로잡아 주셨다. 작고하신 김선웅 선생님이 남기신 유산과 더불어, 두 분의 친절과 격려에 대해 특별히 감사드린다.

2013년 10월
김은식

3부 긴 썰물의 세월

4부 환희, 비애, 그리고 부활

1부

● 인천, 한국 야구가 시작된 곳

● 조선의 야구 남아

● 한용단의 전설

야구의 시작과
조선의 야구 남아

해방 전 조선 땅에도 야구가 있었고,

사람들을 열광시켰다. 한용단의 슬픈 전설이 있었고,

또한 조선 반도 출신으로 전 일본 대표로 선발되어

베이브 루스와 일합을 겨룬 홈런왕 이영민의

장한 소식도 있었다.

전설은 씨앗이 되어 영웅을 불러내고

그 영웅은 다시 세월과 함께 전설이 되어 가는

역사가 그렇게 이 땅에서도 시작되었다.

인천,
한국 야구가
시작된 곳

뿌리 찾기의 어려움

      뿌리를 찾는다는 것은 그리 만만한 일이 아니다. 당장 야구의 종주국인 미국에서도 야구의 정확한 기원을 찾는 일은 미궁에 빠져 있다. 한때 '베이스볼 기원 조사위원회'라는 정식 기구에서 남북전쟁의 영웅인 애브너 더블데이 장군이 1839년에 야구라는 경기의 룰을 고안했다는 결론을 내리고 그가 처음 야구를 시작했다는 쿠퍼스타운이라는 조그만 시골 마을에 메이저리그 명예의 전당을 건립하기까지 했지만, 훗날 그것이 숱한 오해와 무지와 조작의 산물이었음이 밝혀지며 야구사의 첫 페이지에서 민망하게 퇴장하게 된 것만 보더라도 그렇다. 그래서 어쨌거나 야구란 유럽 이곳저곳에서 각자의 방식대로 즐기던 '공 던지고, 받고, 뛰는' 놀이들이 이민자들과 함께 대서양을 건너 아메리카라는 용광로에서 뒤섞이는 과정에서 만들어진 것이라는 점, 그리고 그 현대적인 룰을 1845년에 처음으로 정리하고 확정한 사람은 뉴욕에 살던 알렉산더 카트라이트라는 정도가 오늘날 밝혀진 야구 역사의 대강이 되고 있다.

한국도 마찬가지다. 불과 백여 년 남짓한 일이건만, 흰 얼굴색에 온몸에 덮인 황금색의 털, 그리고 도저히 사람의 말이라고 생각할 수 없는 기괴한 소리를 내는 '백인'이라는 생소한 생명체를 처음 만난 지 수십 년 만에 그들에게 무역권과 이 땅 곳곳에 관한 권리를 넘기는 굴욕적인 조약을 체결해야 했던 격동의 시기, 이루 헤아리기 어려운 정치·경제·문화적 충격 속에 슬그머니 자리 잡은 야구라는 경기의 역사를 추적하고 정리하는 일에 한국인들이 곤란을 겪는 것도 그러니 별이상할 것 없는 일이다.

어쨌거나 모든 서양 문물들이 그랬듯 야구라는 서양식 공놀이 역시 항구를 통해 들어왔고, 서울로 흘러들어 모였다. 한반도에서 처음 서양 것들을 받아들이기 시작한 항구는 부산, 원산, 인천의 세 곳이었다. 일본과 강화도조약을 맺으면서 열린 근대 최초의 개항장이 그 세 곳이었는데, 그중에서도 교역량이 가장 많은 곳은 단연 인천이었다. 서울과 곧바로 이어지는 곳인 데다가 중국의 무역항과 서구 열강들의 아시아 진출 전진기지들이 밀집해 있던 산둥반도, 상하이, 톈진 등과 마주보는 곳이었기 때문이다. 그러다 보니 물자도 물자려니와 사람이 가장많이 들고 난 곳 역시, 두말할 것 없이 인천이었다.(물론 경부철도가 부설되고 일본의 식민지 상태로 빠져들게 되면서 청나라, 그리고 다른 열강들과의 관계가 자연스럽게 정리되다시피 한 1905년 이후로는 최대 항구의 지위를 부산에 넘기게 된다.)

가랑비에 옷 젖듯 스며든 야구 문화

오늘날 공인된 역사 서술에서 한국 야구의 출발점으로 삼는 때는 미국인 선교사 질레트 씨의 지도로 '황성YMCA 야구단'이 창단한 1905년이다.〔실은, 1905년이라는 시점 자체가 기록이 전해 오는 과정에서 생긴 착오이기 쉽다. 1930년에 동아일보 이길용 기자가 쓴 연재물〈조선야구사〉, 1932년 일본인 오시마 가쓰타로(大島勝太郎)가 쓴 『조선야구사』, 1957년 연합신문사가 펴낸 『체육대감』에서 한결같이 '메이지 37년'(1904년)으로 기록하고 있는 것을 1958년 서울대 나현성 교수가 펴낸 『한국 운동경기 총람』에서만 1905년으로 적고 있는데, 그것은 아마도 '메이지 37년'을 서기 연도로 옮기다가 범한 실수 탓일 가능성이 크다는 것이다.〕 하지만 그 이전에도 1896년 4월 25일과 6월 23일 서대문 밖 모화관 옆 공터에서 서울에 거주하던 미국인들과 미 해병대원들 사이에 친선 야구 경기가 열렸다는 기사가 《독립신문》 영문판(제호는 'The Independent')에 실리기도 했고(특히 6월 23일 경기에는 독립신문 발행인인 서재필 박사가 직접 6번 타자 겸 중견수로 출전해 2득점을 기록하기도 했다), 1899년에는 인천영어야학교 1학년에 다니던 후지야마 후지사와(藤山藤芳)라는 일본인 학생이 일기장에 "베이스볼이라는 서양식 공치기를 했다"는 기록을 남긴 것이 전해져 오고 있기도 하다. 한국인에게 '공식적'으로 야구가 전수된 것은 1905년(혹은 1904년)이 처음일 가능성이 크지만, 그 전에도 거의 개항 직후부터 서울과 인천 곳곳에 머물던 미국인들, 혹은 일본인들 사이에 야구 경기가 벌어지고 있었음을 알 수 있는 대목이다.

국내라고는 하지만 일종의 치외법권 지역이었던 개항장에서 외국인들 사이에 벌어진 일들이 우리 역사 기록에서 어떤 의미를 가지느냐에 대해서는 이견들이 있을 수 있다. 하지만 외국인들이 공터에서 하얀 공을 던지고 치고 받고 달리는 낯선 놀이판을 벌일 때마다 주변에 옹

황성YMCA 야구단과 한성학교의 야구 경기 모습(1910년 2월 26일). 현재 남아 있는 가장 오래된 야구 경기 사진이라고 알려져 있다.

기종기 모여들어 구경을 했을 꼬마 아이들을 한번 상상해 보자. 어찌 보면 자치기 같기도 하고, 어떤 면에서는 술래잡기를 닮았고, 또 어떤 점에서는 제기차기를 연상하게 하는 그 신기한 광경을 어떻게 이해하고 상상하고 동경했을지.

문화란 원래 개회사 읽고 축포 울리며 옮겨 다니는 것이 아니라 그렇게 가랑비에 옷 젖듯 스며드는 것이고, 비루하고 측은하나마 한국 야구의 시작 역시 그러했던 것이 진실에 가까우리니. 📓

조선의
야구
남아

한일 야구 열전의 시작

　　　　　사실, 따지고 보면 한국과 일본의 야구 역사에 대단한 차이가 나는 것은 아니다. 한국 야구의 출발점을 1905년으로 보더라도 1873년을 기원으로 삼는 일본에 비해 대략 30여 년 늦었을 뿐이며, 아예 종주국인 미국과 비교하더라도 알렉산더 카트라이트가 근대적인 룰을 정비하고 '베이스볼(Base Ball)'이라는 이름을 만들었다는 1845년을 기점으로 삼아서 셈하면 불과 60여 년의 차이밖에 나지 않는다. 그만큼 야구가 근대적인 스포츠이고, 문화 역시 군함과 상선을 타고 역사상 유례가 없는 속도로 번져 나가던 근대적인 상황의 산물임을 알게 된다.

　하지만 모든 문화가 그렇듯 야구 역시 '전해 주고 전해 받으면서 번져 나가는' 기계적인 과정으로만 뿌리내릴 수 있는 것은 아니다. 1934

년 일본을 방문한 메이저리그 선발팀과의 시범 경기에 일본 팀 투수로 나선 17세 소년 사와무라 에이지가 거구의 베이브 루스, 루 게릭, 지미 폭스를 연신 삼진으로 돌려세워 '골리앗 잡는 다윗'의 이미지를 일본인들의 가슴속에 심으며 '우리도 미국을 이길 수 있다'는 용기를 자극한 것이 야구가 일본의 '국기(國技)'로 자리 잡게 된 출발점이었듯이, 한국에서도 한국인들의 가슴에 불을 지른 사건들 없이는 야구가 뿌리를 내릴 수 없었을 것이다.

선교사 질레트 씨의 지도를 받아 창단한 국내 최초의 야구단인 황성 YMCA 야구단의 뒤를 이어 곧바로 독일어학교, 영어학교, 일본어학교 등의 관립 외국어 학교들이 하나 둘 야구팀을 만들기 시작했고, 1907~1910년에는 다시 휘문, 경신, 중앙, 배재, 보성, 오성 같은 사립학교들도 그 뒤를 이어 야구팀을 창단했다. 그래서 1911년에 들어서면 학교 대항 야구 경기가 차츰 활성화되면서 본격적인 야구 문화의 떡잎이 보이기 시작하기도 했다. 하지만 '서양식 학교에 다니는 개화파 명문가 자제들의 고급스런 서양식 여가 활동'에 지나지 않던 야구가 한국인들의 가슴속에 자리 잡은 것은 역시 치열한 한일전의 역사가 시작되면서부터였다.

창설자인 질레트 씨가 '105인 사건'에 연루돼 강제 추방당하는 등의 우여곡절을 겪으며 해체되다시피 한 황성YMCA 야구단의 뒤를 이어 '한국인 최강'의 야구팀으로 떠오르게 된 오성구락부가 당시에 '한반도 최강'으로 통하던, 일본인들로 구성된 실업 팀인 용산철도국과 1914년 11월 10일에 맞붙은 것은 그 뒤로 100년 이상 이어질 야구 한

일 열전의 시작을 알리는 사건이었다고 볼 수 있다.

오성구락부는 오성학교 야구부 졸업생들을 주축으로 하여 해산된 황성YMCA와 경신학교 출신 등을 보강해 구성한 혼성팀이었는데, 방학을 맞아 모국을 찾은 일본 유학생들로 구성된 혼성팀과 몇 차례 맞대결을 벌여 호각지세를 이루며 경험과 자신감을 쌓고 있던 차였다. 그날 훈련원 터(뒷날 동대문야구장이 지어진 곳)에서 벌어진 용산철도국과의 경기에서도 오성구락부는 예상 밖의 선전을 펼치며 14 대 13의 극적인 한 점차 승리를 거두었는데, 그때 뜻밖의 패배에 흥분한 일본인 관중들이 몽둥이를 들고 난입해 오성구락부 선수들에게 달려들자 한국인 관중들 역시 그라운드로 뛰어들어 대난투극이 벌어지고 경찰이 출동하는 사태가 벌어졌던 것이다.

인천에서 불붙기 시작한 '야구 열기'

하지만 1914년이라는 시점에서 일본인이란 그저 '이방인' 혹은 기껏해야 '서양인 흉내 내는 왜놈들' 정도에 불과한 대상이었다. 물론 을사늑약과 경술국치를 거치며 국권을 잃은 이후였고, 지식인들에게는 일본이 몰아내고 극복해야 할 대상으로 인식되고 있긴 했지만, 일반 국민들의 수준에서까지 '항일 의식'이나 '민족주의' 같은 것이 자리 잡기에는 아직 이른 시점이었던 것이다. 그런 점에서 3·1운동의 여진 속에서 탄생해 1920년대에 인천 지역에서 활동한 한용단의 의미는 또 다르다.

경인선 기차를 타고 서울의 배재, 중앙, 휘문 등으로 통학하며 매일 서너 시간을 함께 보내던 인천의 소년들은 친목회를 만들어 주말 시간을 함께 보내곤 했고, 그러다가 공통적으로 야구에 관심이 많다는 것을 알게 되면서 1920년에 야구팀을 만들기에 이른다. 이름은 '한용단'(漢勇: 용감한 남자). 바로 한 해 전 3·1운동의 물결을 경험하며 조숙해진 16~17세 소년들의 의기와 포부와 딱 그만큼의 낭만이 녹아든 당당한 이름이었다.

한용단은 결성 자체가 민족주의적인 성격을 띠고 있었다. 한용단의 단장 역할을 한 이가 곽상훈이었는데, 당시 스물다섯 살로 한 해 전의 3·1운동 때 선전물을 만들어 뿌리다가 옥고를 치르고 다니던 경성고등공업전문학교(훗날 서울공대로 흡수)에서 퇴학당한 뒤 인천에 거주하며 청년들을 규합하는 데 힘을 쓰고 있었다. 그는 특히 인천에서 서울로 통학하던 학생들과 주로 교류하고 있었는데, 그 과정에서 여러 차례 경인선 통학 기차 안에서 한국인 학생들을 이끌고 일본인 학생들과 패싸움을 벌여 일본 경찰들의 주목을 받고 있던 터였다.(뒷날 그는 독립운동가로, 또 정치가로 성장하여 1~5대 의원을 지내기도 했으며, 4·19 직후에는 잠시 대통령 권한대행을 맡기도 했다.) 그런 곽상훈의 주도 아래 회관과 도서관 건립, 문예지 발간 같은 문화 사업들을 벌이는 것을 장기적인 목표로 삼고 야구 경기를 통해 각지의 청년 단체들과 교류하며 뜻을 넓게 펼친다는 거창한 포부를 안고 출범한 단체가 바로 한용단이었다.

창단 초기 서울, 개성 등 다른 지역 청년 단체들과의 친선경기를 통해 경기 경험을 쌓으며 기틀을 다진 한용단은 창단 2년째인 1921년부터 본격적으로 세상에 이름을 알리기 시작했다. 그해 야구 시즌이 개막하는 날이라고 할 수 있던 4월 21일에는 하루에 두 경기를 벌여 오전에는 일본 상점 직원들로 구성된 '인천실업단'을, 오후에는 일본 철도 회사의 '미가도(美加鋾)'라는 일본인 팀을 각각 5 대 1과 9 대 6으로 연파하며 관심을 모으기 시작하더니 그해 가을에 열린 '인천 야구 대회'에서는 엡윗청년회(감리교)를 꺾고 2회전에 진출해 '미가도'와 다시 만나 10회까지 가는 연장 승부 끝에 5 대 4로 석패하는 드라마를 연출하기도 했다.

물론 여러 차례의 공식·비공식 경기에서 한용단은 이기기도 했고 지기도 했다. 하지만 야구는 당시 한반도에서 한국인들이 일본인들을 상대로 마음껏 싸울 수 있는 거의 유일한 전장(戰場)이었고, 한용단은 그 싸움에서 이따금이라도 승리를 맛보게 해 줄 수 있는 거의 유일한 집단이었다.

한용단이 주말마다 일본인 팀들을 웃터골로 불러서 벌이는 야구 경기는 식민지 백성의 고된 삶에 순간이나마 포효하고 열광할 수 있는 장을 마련했고, 갯마을 제물포의 어시장 상인들은 얼른 내다 팔아야 할 생선이니 조개 따위를 짊어진 채 넋을 잃고 응원을 하다가 물건 썩는 줄도 몰랐다는 풍문들을 남기기도 했다.

그렇게 한용단은 야구라는 생소한 종목의 결전장으로 구름 떼 같은 관중들을 끌어내기 시작했고, 그런 열기에 힘입어 일본 기업과 상점 직원들로 구성된 야구팀들은 일본 본국에서 유명 선수들을 영입해 가며 전력을 강화하는 데 열을 올리기 시작했다. 한국에서 처음으로 '야구 열기'라는 것이 불붙기 시작한 곳은 그렇게 인천이었다.

하지만 본격적인 '한용단 신화'가 쓰인 것은 다시 이듬해인 1922년 이었다. 한용단은 그해 5월 '전 인천 춘계 야구 대회'에 다시 한 번 도전했고, 이번만은 우승을 거두겠다는 각오를 단단히 하고 있었다. 📝

한용단의
전설

웃터골을 뒤흔든 응원의 함성

"한용단은 일본인 강호 팀에 끼어서 역전 분투는 하였으나, 언제나 최후 결승에 가서 유종의 미를 거두지 못하고 고배를 마시기만 하는 것으로도 유명한 이야깃거리였다. 그때의 관중들은 일본인들을 굴복시키고 어떻게 해서든지 우승기를 한번 빼앗아 오기만 하면 죽어도 한이 없겠다고들 하였으니, 이만하면 양편 응원열이 얼마나 굉장하고 야단스러웠는지를 가히 짐작할 것이다."

배재고보를 다니며 한용단의 투수로 활약했던, 그리고 주장의 중책까지 맡고 있던 최영업 선생의 회상이다.

1922년 전 인천 춘계 야구 대회에 참가한 팀은 모두 10개였다. 그중 한용단을 비롯해 기봉단(起蜂團), 상우단(尙友團)이라는 이름의 셋은 한국인으로 구성된 팀이었고 동지(同志), 항(港, 일명 미나도), 부용(芙蓉), 인중(仁中), 인상(仁商), 용우(龍友), 실업단(實業團)의 일곱은 일본인 팀이었다.

대회는 3주에 걸쳐 주말마다 진행되었다. 1회전은 5월 7일, 2회선은 14일, 그리고 3회전과 결승전은 21일에 이어졌는데, 주말을 이용해 경기를 열었던 것은 각 팀 선수들이 직장에 다니거나 학교에 다니는 처지이기 때문이기도 했고, 다른 한편으로는 그만큼 많은 관중이 모이는 이벤트이기 때문이기도 했다.

1회전이 열린 첫날, 한국인 팀의 첫 주자로 나선 기봉단은 미나도(港)를 만나 무려 36 대 3이라는 기록적인 대패를 당하는 망신을 하며 탈락해 잔뜩 기대에 부풀었던 한국인 관중들을 풀 죽게 하기도 했다. 그리고 2회전이 열린 14일로 미루어져 치러진 1회전 마지막 경기에서 상우단 역시 한용단과 붙어 3 대 5로 지면서 탈락하고 말았다. 결국 한국인 팀 중에서는 한용단만 살아남은 셈이었다. 하지만 같은 한국인 팀을 꺾고 2회전에 오른 한용단은 인중을 만나 역시 6 대 1로 일축하고 3회전에 올라 21일을 기약하게 만들었다.

준결승 두 경기와 결승전 한 경기는 모두 5월 21일 하루 동안 치러지게 되어 있었고, 4강에 오른 팀은 한용단을 비롯해 일본인 팀인 동지, 미나도, 그리고 인상이었다. 그중에서도 최강으로 꼽혔던 동지가 예상대로 인상을 11 대 6으로 꺾고 먼저 결승에 올랐고, 한용단 역시 미나도를 6 대 3으로 꺾고 결승에 올라섰다. 홀로 위태위태하게 살아남은 한용단의 결승 진출이 확정되자 웃터골을 가득 채운 관중들의 열광은 극에 달했다.

　전 인천 춘계 야구 대회 제3회전과 결승전은 예정대로 이십일일 상오 아홉 시부터 시작된바 정각 전부터 앞을 다투어 모여든 관중은 인산인해를 이루었으며⋯⋯ 하오 네 시 반부터 한용군의 선공으로 결승전이 시작되니 장내를 뒤집는 듯한 박수 소리와 한용군의 여룡여호(如龍如虎)한 용기는 산을 무너뜨리고 바다를 뒤집을 듯한 기세로 대전할새⋯⋯.

　1922년 5월 23일 자《동아일보》에서 묘사하고 있는 그날의 풍경이다. 그날 한용단은 이미 실질적으로는 식민지 조선의 국가 대표 팀이나 다름이 없었고, 연전연승하며 우승 목전에 도달한 그 모습은 일본 헌병의 총칼 앞에서 좌절한 식민지 백성의 눈앞에 펼쳐진 재기와 희망의 이미지였다.

빼앗긴 승리, 전설이 된 역사

　　　결승전에서도 한용단의 기세는 누그러지지 않았다. 관중들의 일방적인 응원과는 아무 상관 없이 일본인들이 구성하고 있던 대회 주최 측은 한국인 팀에게 우승을 내줄 수는 없다는 방침을 정한 듯 편파적인 판정을 남발했지만, 아랑곳하지 않고 전진한 한용단은 9회 말까지 6 대 5의 리드를 놓치지 않고 있었다. 그리고 9회 말 마지막 수비에서 한용단의 투수가 2사 3루에서 동지 팀의 마지막 타자에게 볼카운트 2스트라이크 3볼 풀카운트에서 던진 공에 승리와 우승컵의 주인공을 동시에 결정하는 마지막 3번째 스트라이크 선언이 울려 퍼졌고, 순간 한용단의 모든 선수들은 마운드 위로 몰려들어 뒤엉킨 채 감격을 나누고 있었다.

그러나 바로 그 순간 인천경찰서 검도 사범으로 일하고 있던 일본인 심판은 조용히 스트라이크 판정을 볼로 번복했고, 한용단 선수들이 아직 상황 판단을 하지 못한 채 얼싸안고 있는 사이 3루에 있던 동지 팀의 일본인 주자가 도둑처럼 홈을 밟아 경기를 원점으로 돌리는 해괴한 짓을 벌이고 말았다. 한용단 선수들이 뭔가 이상하게 돌아가는 분위기를 감지하고 얼싸안았던 팔을 풀었을 때, 점수는 6 대 6, 주자 1루의 상황에서 동지의 다음 타자가 타석에 들어서고 있었던 것이다.

선수들과 함께 우승의 감격을 나누던 관중들이 그 상황을 그저 지켜만 보고 있을 리가 없었다. 그라운드 주변에 빙 둘러 쪼그리고 앉아 경기를 관전했던, 그리고 우승이 결정된 순간 하나같이 일어나 열광하던 조선인 관중들이 분노해 심판을 향해 쇄도했고, 생명의 위협을 느낀 심판은 냅다 줄행랑을 치고 말았다.

일본인 누심의 부정당한 심판에 일반 관중은 분개하여 부르짖는 소리가 자주 일어났으나 오히려 한용군은 침착한 태도와 신사적 행동으로 관대히 양보하며 대전하여 한용군은 9회에 6점으로 마치고 동지군은 8회에 5점이 되어 동지군은 최후의 격전을 하는 중에 제3루에 있을 때 '투 아웃'이 되어 최후 일인도 '투 스트라이크 스리 볼'이 되어 최연 최후 일 구를 다투게 된 때에 구심의 심판이 모호히 되어 양군 주장이 심판의 공평을 구할 제 삼루는 홈·런을 하여 사실은 좀 불명하게 되어 감정이 격앙되었던 일반 군중은 장내로 모여들어 심판의 불공정을 책망하며 사태 심히 험악하였으므로 이 급보를 접한 경관대가 현장에 달려와서 문제의 해결은 경찰서로 가서 하자 할 때에 약송(若松) 체육협회장은 심판원과 체육협회 간부와 양군의 주장을 자기 집으로 청하여 심사한즉 사실은 야구 규정에 의하여 심판의 실수이므로 선후책을 협의한 결과 하오 십 시 반에 이르러 결승전은 무조건 중지되었으며 협의하는 동안에는 경관대의 제지와 해산명령도 불구하고 수천의 관중은 위립하여 사태 심히 험악하였으나 밤이 깊은 후에야 무사히 헤어져 돌아갔더라.(《동아일보》, 1922년 5월 23일)

관중들의 격렬한 항의는 일본인 경찰들이 출동해 한바탕 몽둥이찜질이 이어지고 또 수십 명이 잡혀간 뒤에야 가라앉았다. 인천체육협회장에 의해 오심이 인정되었고 결승전 진행은 중지된 것으로 판정되었지만, 경기는 다시는 재개되지 못했다. 그리고 오히려 그 사건을 계기로 한용단은 강제해산의 비운을 강요당하고 말았다. 한국인들이 뭉치는 단초가 된다면 무엇이든 일단 자르고 봐야겠다는 총독부의 조바심이 낳은 조치였다.

우승기를 빼앗긴 것만 해도 억울한데 강제해산이라는 날벼락까지 맞은 한용단은 그 뒤로도 '고려야구단'으로 이름을 바꾸어 1930년대

한용단은 강제해산된 뒤 '고려야구단'으로 이름을 바꾸어 10여 년 이상 활동을 이어 갔다.(1926년)
왼쪽의 안경 쓴 이는 단장인 곽상훈 씨.

까지 활동했고, 인천뿐 아니라 전국적으로 야구 열기를 확산시키는 역할을 해 갔다.

그렇게 해방 전 조선 땅에도 야구가 있었고, 사람들을 열광시켰다. 한용단의 슬픈 전설이 있었고, 또한 조선 반도 출신으로 전 일본 대표로 선발되어 베이브 루스와 일합을 겨룬 홈런왕 이영민의 장한 소식도 있었다. 물론 한용단과 이영민의 이름은 자전거의 엄복동, 비행기의 안창남과 마찬가지로 야구 그 자체를 의미했고, 굳이 말하자면 대부분의 사람들에게 "야구가 뭔지는 모르지만……"으로 시작하는 전설의 영역이었다면, 한국인들이 실제로 야구 경기를 지켜보는 가운데 찾아

낸 첫 번째의 현실적인 영웅은 해방 직후 경남중(경남고)과 동산중(동
산고), 그리고 광주서중(광주일고)의 쟁패전에서 도드라진 장태영, 박
현식, 김양중이었다. 전설은 씨앗이 되어 영웅을 불러내고 그 영웅은
다시 세월과 함께 전설이 되어 가는 역사가 그렇게 이 땅에서도 시작
되었다.

인천 최초의 야구장, 웃터골

　지금은 제물포고등학교 운동장으로 사용되고 있는 인천 중구 전동의 터가
한국 최초의 야구장 중의 한 곳인 웃터골이다. 골짜기에 펼쳐진 널찍한 공터
지형인데, 주위를 둘러싼 산허리가 자연스레 관중석 역할을 하고 있어 개항
초기부터 사람이 많이 모이는 행사를 치르는 데 이용되곤 했다. 특히 1920
년 11월에는 2,400평의 넓이로 평탄화 작업을 한 뒤 정식 운동장으로 조성
되었고, 1926년에는 6,500평 규모로 확장 공사를 했다. 그때부터 '인천공설
운동장'이라는 정식 명칭이 생겼지만, 인천 사람들은 흔히 '웃터골 운동장'
이라고 부르곤 했다. 원래는 육상, 축구 등 다양한 종목의 경기가 열리는 곳
이었지만 언젠가부터 일본인들이 야구용 백네트를 설치한 뒤로는 야구 전
용 경기장처럼 인식되기도 했다. 특히 한용단은 이곳을 거의 홈구장처럼 이
용하곤 했다.
　1934년 6월에 개교한 인천부립중학교가 이곳에 자리를 잡으면서 지금의
도원동에 새로운 공설운동장이 건설되었고, 웃터골 시대도 자연스럽게 막

을 내렸다. 하지만 그 뒤로도 오늘날의 제물포고등학교에 이르기까지 늘 학교 운동장으로 이용되어 왔기 때문에 그 터전은 거의 변함없이 유지되어 왔다고 할 수 있다.

문제는 앞으로인데, 제물포고등학교가 숭도로 이전할 계획을 가지고 있기 때문이다. 제물포고등학교가 떠난 뒤에 이곳이 어떻게 활용될지는 아직 정해지지 않았는데, 만약 운동장이나 공원이 아닌 어느 건물 부지로 전용된다면 인천 체육 100년 역사의 가장 중요한 유적 중 한 곳을 잃게 될지도 모를 일이다

웃터골 운동장. 1920년 개설된 인천 최초의 종합 경기장이었다.

2부

● 2연패 인천고, 3연패 동산고

● 성인 야구의 최강자, 전인천군

● 구도(球都) 인천

● 신인식, 고순선, 최관수

구도(球都)
인천의 탄생

인천고와 동산고가 우승컵을 주고받으며

전국 야구의 최정상에 군림할 수 있었던 데에는

몇 가지 이유가 있었다.

물론 가장 큰 이유는 인천항을 드나들던

미국인과 일본인들이 뿌려 놓은

씨앗 위에 한용단이 싹을 틔운

야구의 전통이라고 해야 할 터이다.

하지만 그 밖에도 몇 가지를 덧붙여야

완성된 답이 될 수 있다.

인천고,
그리고 김선웅

고시엔구장에 선 최초의 한국인들

백 년 이상의 전통을 자랑하는 인천고는 초창기에 시대가 겪어야 했던 격동의 진폭만큼이나 잦은 변화를 경험해야 했다. 서양 문물이 정신없이 밀려들던 1895년 외국어 통·번역이라는 시급한 필요를 충족시키기 위해 황제령에 의해 설립된 '한성외국어학교 인천 지부'가 일본의 영향력이 커져 가던 1904년에는 '관립인천일본어학교'로 전환되었고, 다시 일본의 식민 통치가 굳어져 가던 1909년에는 '인천실업학교'로, 그리고 1912년에는 '인천공립상업학교'로 계속 바뀌어 갔던 것이다. 특히 인천이 중국 대륙과 일본을 잇는 상업의 거점으로 발전하기 시작하던 1920년대 이후 체계적인 실업교육을 받은 인력들이 부족해지면서 국내에 단 세 개뿐이던 상업학교인 '인상(仁商)'은 늘 입학 경쟁률이 수백 대 일을 기록할 만큼 인기를 누리기도 했다. 그래서 유복한 환경에서 공부하던 일본인 자제들이 주로 다니는 학교이기도 했고, 더구나 학교를 다니며 야구부 활동을 겸하는 여유는 거의 일본인 학생들에게나 가능한 일이기도 했다.

정확한 창단 시점을 알 수는 없지만 최소한 1914년 이전부터는 운영되었던 기록이 있는 인상 야구부는 1920년대 초반 한용단과도 여러 차례 격돌한 적이 있는데, 특히 한용단이 강제해산의 비운을 맞은 1922년 전 인천 춘계 야구 대회에서도 한용단과 함께 나란히 4강에 이름을 올렸다. 어쨌든 그 인상이 1936년 고시엔(甲子園)대회에 조선 지역 예선을 통과해 본선에 진출했는데, 좌익수로 활약하던 김선웅은 1년 후배로 당시엔 후보 멤버였던 장영식과 더불어 그때 고시엔구장을 밟은

1930년대에 세 차례나 조선 대표로 고시엔대회에 출전한 인상 야구단(사진 제공: 인천광역시청)

최초의 한국인이었다.(1923년에 이미 김종식, 김종세 등 한국인 학생들로만 구성된 휘문고보 팀이 '일본 선발 고교 야구 대회'의 조선 대표로 본선에 진출해 8강까지 올라간 적이 있었다. 하지만 1924년에 고시엔구장이 지어지고 대회가 일명 '고시엔대회'로 불리기 시작한 뒤로 그 대회 본선 무대를 밟은 한국인으로 는 김선웅과 장영식이 최초였다.)

그해 인상은 고시엔 본선 1회전에서 만주 경진 지역 대표로 출전한 평안중학을 만나 무려 17 대 0으로 짓밟히며 조기 탈락하고 말았다. 11안타와 17볼넷을 허용하고 3개의 실책을 저지르는 동안 단 3안타밖 에 얻어 내지 못한 일방적인 경기였다. 8번 타자로 나선 김선웅 역시 4 타수 무안타로 부진했고, 한 살 어렸던 장영식은 그나마 출전의 기회 를 잡지도 못했다. 물론 그것은 바로 그해(1936년)에 이미 프로야구까 지 출범시킬 만큼 열기가 뜨거웠던 일본과 야구가 그저 아주 특이한 귀족 스포츠 정도의 위상에 머물고 있던 조선의 야구 수준이 얼마나 큰 차이를 만들고 있었는지를 보여 주는 대목이기도 하지만, 변방 출 신이라는 위축감과 그것을 증폭시킨 고시엔구장 대관중의 응원 탓이 기도 했다.

"인천에서는 웃터골에 기껏해야 2, 3천 명이 있는 데서 야구를 했 는데, 고시엔에 가니까 6만 관중이 함성을 질러 대더라는 거예요. 정 신이 하나도 없어서 그냥 휘두르고 아웃이 되고 그랬다고 하시더라 고. 1회전에서 바로 탈락하고 일본 관광만 잘하고 왔다고 하셨죠. 허 허허." (김종은: 인천대 독문과 교수, 김선웅 선생의 아들)

재창단한 인상 야구부의 감독이 되다

어쨌든 그렇게 또 다른 차원의 야구와 야구 문화, 야구 열기를 경험한 김선웅은 십수 년 뒤 그것을 고스란히 한국 야구로 옮겨 심는 역할을 했다. 인상 졸업 후 형과 함께 인천에서 정미소를 경영하다 해방을 맞은 그는 1946년 9월에 인천상업 야구부가 재창단하자 초대 감독을 맡아 후배들에게 야구를 보급했던 것이다.(인천상업은 1941년을 끝으로 야구부를 해체했다. 1941년 겨울 진주만을 기습하며 미국과 전쟁 상태에 들어간 일본이 인력과 자원을 최대한 짜내 동원하기 위해 프로야구는 물론 고시엔대회도 중지시켰기 때문이다. 물론 그 명분이 된 것은 야구가 적국인 미국에서 유래한 것이라는 점이었다. 그래서 1946년에 '재창단'되었다고는 하지만 5년의 간격이 있었던 데다가 해방되면서 일본인 학생들이 모두 일본으로 돌아가면서 인적 구성도 완전히 달라졌기 때문에, 학교도 야구부도 사실상 새로운 출발을 맞게 된 것이라고 하는 것이 옳았다.)

인천상업이 야구부 재창단을 결정한 데에는 자유신문사의 주관으로 곧 전국 규모의 고교 야구 대회('전국 중등학교 야구 선수권 대회', 나중에 '청룡기 고교 야구 대회'로 개칭)가 창설된다는 소식이 전해진 것이 결정적인 계기가 되었다. 더구나, 한 해 전 이미 같은 인천의 동산중학이 연희전문 시절 명투수로 이름을 날렸던 박현덕을 감독으로 영입해 야구부를 창단했기 때문에, 그대로 넋을 놓고 있다가는 '해방 후 첫 전국 대회'에서 동산중학에 인천 대표 자리를 내주게 될 판이었다. 학교의 역사로 보나 야구의 역사로 보나 인천을 대표할 유일한 학교라는 인천상

인천상업 선수 시절의 김선웅 감독(사진 제공: 김종은)

업의 자존심에 상처가 날 상황이었고, 그대로 앉아 있을 수는 없었다.

또 하나, 인천상업에 야구를 좋아하고 즐기는 학생들이 이미 많았다는 점도 이유로 꼽을 수 있다. 물론 그전의 야구부가 거의 일본인 학생들 것이었고 그나마도 해체한 지 벌써 5년이 되었지만, 후배로 들어온 한국인 학생들은 '인상(仁商)' 학생이라는 이유만으로도 야구에 친근감과 관심을 품고 있었던 것이다. 꼭 얼굴과 얼굴을 마주하고 주고받지 않더라도, '전통'이라는 것이 흘러가는 방식이란 그런 것이기 때문이다.

특히 몇몇 학생들은 당시 인천에 살며 '전인천군'이라는 사회인 팀을 조직해 활동하던 당대 최고의 선수들인 유완식, 김선웅, 이용국, 박근식 같은 이들을 따라다니며 커브 던지는 법 따위를 배우기도 했는데, 그런 대선배들이 학창 시절에 입던 유니폼을 물려받아 줄여 입은 소년들이 인상의 운동장을 배회하던 것이 이미 야구부 재창단 결정 이전에 벌어지던 일이기도 했다.

어쨌든 그렇게 서둘러 창단을 결정하긴 했지만, 아무것도 남아 있지 않던 대혼란기인 그 시절에 학교에서 야구부에 지원을 해 줄 수 있는 것은 없었다. 김선웅은 한 푼의 보수도 받지 않고 감독직을 맡았고, 학교 수업에 지장을 주지 않기 위해 새벽과 저녁 시간을 이용해 이루어지는 훈련을 모두 손수 챙겼다. 게다가 걸핏하면 끼니를 거른 채 훈련에 참가하는 선수들을 수시로 시장으로 몰고 가서 꿀꿀이죽이라도 사먹이는 데 들어간 돈 역시 모두 김선웅의 주머니에서 나왔다.

"아버지는 정미소를 해서 생활을 하셨으니까…… 그리고 다들 가난하니까 돈을 내고 운동하는 시절도 아니고, 또 학교에서 지원을 해 줄 수 있는 것도 없고 하니까. 그때부터 시작해서 십 년 넘게 돈 한 푼도 받지 않고 무보수로 하신 거지요."(김종은 교수)

김선웅이 형인 김선영과 함께 경영하던 삼화정미소는 당시 인천에서 한국인이 경영하던 가장 큰 규모의 사업체 중 하나였고, 굳이 학교에서 보수를 받지 않아도 될 만한 여유를 제공해 주었다. 하지만 정미소 경영만 해도 빠듯한 시간을 쪼개 매일 아침저녁으로 훈련을 이끌며 백지 상태의 후배들로 밑그림을 그려 가는 것은 큰 열정을 요구하는 일이었다.

재창단을 공지하고 선수들을 모집하자 얼른 달려온 학생들이 50여 명이었다. 하지만 매일 새벽에 모여 배팅 훈련으로 시작해 수업을 모두 소화한 뒤 늦은 오후에는 수비 훈련으로, 다시 해가 진 뒤에는 러닝을 중심으로 체력을 다지는 고된 일과가 이어지자 대부분은 얼마 버티지 못하고 하나씩 떨어져 나가고 말았다. 결국 남은 것이 14명이었고, 그들이 재창단한 인상 야구부의 초대 멤버들이 된다. 하지만 일본인 학생들이 쓰다가 남기고 간 야구 장비들로는 그 14명이 쓰기에도 부족해, 돌려 가며 쓰고 만들어서 쓰는 궁상맞은 풍경은 어쩔 수 없는 일이었다.

동산고,
그리고 박현덕

이상적 지도자의 탄생

　　인천고의 역사가 고종 황제의 영에 의해 설립된 관립 영어학교로부터 시작된 것과 달리, 동산고의 역사는 1938년에 인천 지역 최초로 한인이 설립한 사립학교인 '인천상업강습회'로부터 시작되었다. 인천고가 인천 지역 공립학교의 시초였다면 동산고는 사립학교의 시초였다고 비교할 수 있는 셈이다.

　인문중학 과정으로 인가를 받아 '동산중학'이라는 교명으로 새 출발을 하며 해방을 맞게 되었을 때, 학교에는 딱히 용처가 정해지지 않은 교비 48원이 남겨져 있었다. '근로봉사'라는 명목하에 부평에 있던 조병창에 일제에 의해 강제 동원되었던 인천상업강습회 학생들 몫으로 던져진 사례금이 처리되지 않은 채 남아 있었던 것이다. 선생 한 사람의 한 달치 월급에도 미치지 못하는 작다면 작은 돈이지만, 그렇다고 흐지부지 써 버리기엔 아까운 목돈이기도 했다. 그런데 그 돈의 용처를 놓고 이런저런 의견이 오간 끝에 내려진 결론이 바로 '야구부 창단'이었다는 점이 공교롭다.

추론해 보자면, 비교적 역사가 짧은 데다 해방과 동시에 실업계에서 인문계로 전환하며 새 이름으로 새 출발을 하는 단계였던 만큼, 학생들의 소속감을 강화하고 대외적으로도 학교의 이미지를 각인시킬 계기를 찾을 필요를 느끼지 않았을까 하는 점을 생각해 볼 수 있다. 아울러, 1938년에 오사카 타이거즈(한신 타이거즈의 전신)에 입단하여 '한국인 최초의 프로야구 선수'로 기록된 박현명의 막내 동생인 박현식이 때마침 동산중에 재학하고 있었고, 연희전문 시절에 역시 명투수로 이름을 날렸던 박현식의 둘째 형 박현덕이 김선웅 형제가 경영하던 삼화정미소의 상무로서 인천에서 함께 생활하고 있었다는 점이 결정적인 영향을 미쳤으리라고 생각할 수 있다. 즉, 새 출발을 하는 학교였다는 조건이 야구부 창설의 '필요'였다면, 당대 최고의 야구 선수 중 한 사람을 학부형으로 모시고 있었고 그 유전자를 나누어 받은 재목을 학생으로 보유하고 있었다는 점은 '가능'의 요소였다고 볼 수 있다.

1945년 9월, 동산중은 박현덕을 초대 감독으로 삼아 야구부를 창설했고, 감독 월급을 따로 책정할 수 없었던 학교는 얼마 뒤에는 박현덕을 상업(부기) 교사로도 발령을 냈다. 삼화정미소에서 하던 일을 완전히 접을 수는 없었기에 회사와 학교를 오가기도 하고 한쪽 일을 잠시 쉬기도 했지만, 1950년대까지도 박현덕은 그렇게 일과 야구와 교육을 병행하는 바쁜 삶을 살아가게 된다.(그렇게 여러 가지 역할을 겸하는 처지

동산중 본관 앞에 나란히 선 박현식(왼쪽)과 박현덕(사진 제공: 최호왕)

답지 않게, 박현덕 감독은 외골수의 면모를 가진 사람이었다고 전해진다. 술과 담배를 하긴 했지만 질펀하게 유흥을 즐기는 것과는 거리가 있는 편이었고, 오직 야구 외에는 별 관심을 두는 곳이 없었다는 것이다. 예컨대, 그가 부를 줄 아는 노래는 딱 한 곡, 애국가뿐이었는데, 심지어는 혼자 담배를 피우며 뭔가 흥얼대고 있어서 들어 보면 어김없이 애국가였을 정도라고 한다.)

형인 박현명에 이어 역시 한때 일본 프로야구 입단 제의를 받은 적이 있을 만큼 야구의 기술적인 수준도 높았거니와 체구도 컸고, 고등 교육을 받고 정미소의 회계 업무를 관장했을 만큼 명석한 두뇌와 지적인 언어 구사 능력까지 갖춘, 그리고 직접 교실에서 부기를 가르쳤을 만큼 '교육'에 대한 이해가 충분했던 박현덕은 그 당시로서 기대할 수 있는 가장 이상적인 지도자의 유형에 가까웠다. 그 무렵 다른 지역의 스포츠 지도자들이 단순한 체력 훈련과 반복 숙달식 연습만으로 밀어붙일 때 박현덕은 충분한 설명과 구체적인 시범을 병행하며 빠르게 선수들의 수준을 끌어올릴 수 있었다.

중학 야구의 거인, 박현식

물론 동산 야구부의 빠른 성공을 순전히 지도자의 덕으로만 돌릴 수는 없다. 창단한 동산 야구부의 중심 선수는 감독의 동생인 박현식이었는데, 그 무렵에 이미 신장이 형인 박현명·박현덕과 거의 비슷한 180센티미터 가까이 되었던 박현식은 또래들보다 키가 10~20센티미터 정도는 큰, 중학 야구 무대의 거인이었다. 큰 체구와 힘에다가 운동신경까지 겸비한, 게다가 아주 어린 시절부터 형들과 어울리며 기본기까지 다진 박현식은 이미 완성되다시피 한 그릇이었기에 야구장에서도 거의 신장 차이만큼의 수준 차이를 보이며 또래들을 내려다보는 고수이기도 했다.

한 해 뒤에 인천상업이 야구부를 재창단하면서 자연스럽게 지역 라이벌의 구도를 이루게 되었지만, 승리는 늘 동산의 것이었다. 그 무렵 인천상업이 동산에 얼마나 지긋지긋하게 연전연패했고 또 얼마나 간절하게 이기고 싶어 했던지, "동산을 꺾게 해 달라"며 고사를 지내고 야구부원들이 "반드시 동산을 꺾겠다"는 혈서를 써서 교장에게 전달하는 행사를 치르기도 했었다.(그때 혈서를 쓴 학생들 중 한 사람인 김재은은 "손가락을 바늘로 찔러 피를 내야 하는데, 선수들이 겁을 먹고 피를 뽑지 못해 모자란 부분은 몰래 머큐로크롬으로 썼다"고 회상하기도 했다.)

한 해라도 먼저 시작해서 쌓은 훈련량의 차이도 있었지만, 무엇보다도 그것은 박현식의 힘이었다. 투수로서 팀의 거의 모든 경기를 책임진 박현식은 경기 초반부터 끝까지 내내 강속구를 꽂아 댔는데, 그 속도와 구위를 이겨 낼 수 있는 타자는 인천에는 아직 존재하지 않았기 때문이다. 📝

대한민국 야구의
첫 에이스,
유완식

또 한 명의 1세대 야구 영웅

　　김선웅과 박현덕. 학생 시절부터 야구 선수로서 나란히 이름을 날렸고 같은 직장에 다니면서 '전인천군'이라는 사회인 팀에서도 같이 활동하던 두 사람을 지도자로 영입한 인천고(인천상업중)와 동산고(동산중)는 마치 자매 팀처럼 나란히, 그리고 착실히 성장해 갔다. 야구장에서는 '혈서를 써 가면서까지' 반드시 꺾고자 한 적이었지만, 야구장 밖에서는 두 감독이 매일 붙어 앉아 더 효과적인 지도법과 훈련 방법을 연구하고 의논하는 동료였기 때문이다. 싸워 가며 도와 가며 함께 성장하는 '선의의 라이벌'이라는 것이 말 그대로 현실에서도 존재할 수 있다면 그 가장 원형에 가까운 모습을 보여 준 것이 바로 초창기 인천고와 동산고 야구부의 모습이었다고 할 수 있다.

　　그런데 이 두 명의 걸출한 지도자가 빚어낸 시너지 효과에 한층 힘을

전인천군 유니폼 차림의 김선웅(왼쪽)과 유완식(사진 제공: 최호왕)

더한 인물이 있었다. 틈이 날 때마다 김선웅, 박현덕과 함께 마작 테이블에 마주 앉았던 또 한 명의 1세대 야구 영웅, 바로 유완식이었다.

　다섯 살이던 1923년에 부모님을 따라 고향인 황해도 백천을 떠나 인천에서 자랐고, 17세 때는 형님을 따라 일본으로 건너가서 야간학교를 다니며 야구를 배웠던 유완식은 박현명, 이팔룡에 이어 한국인으로서는 세 번째로 프로야구 선수가 된 인물이다.

　그는 일본 프로야구 한큐군*에서 무려 7년간(그중 1군에서 뛴 기간은 3년) 포수로 활약하다가 결혼을 위해 1945년 7월에 잠시 귀국했던 참에 광복을 맞아 그대로 눌러살게 되었다. 그러자 그는 김선웅, 박현덕 등과 함께 사회인 팀인 '전인천군'을 결성해 활동하며 조금은 아쉽게 접어야 했던 프로야구 선수로서의 꿈을 달래고 있었다.

대한민국 첫 에이스, 인천 고교 야구의 스승이 되다

1946년 8월, 미 24군단 팀에 맞서 '조미 친선 야구

● 한신 타이거즈의 전신인 오사카 타이거즈에 입단해 창씨개명 없이 '보쿠 겐메이(朴賢明)'라는 이름으로 활약한 박현명은 1939년 2경기에 출전해 8이닝 1실점의 기록만을 남긴 채 1년 만에 고향으로 돌아갔다. 그리고 요미우리 자이언츠의 전신인 '동경 거인군'에 들어간 이팔룡은 '후지모토 히데오(藤本英雄)'라는 이름으로 활동하며 일본 프로야구 최초의 퍼펙트게임을 성공시키고 두 차례나 노히트노런을 기록하는 한편 62이닝 연속 무실점, 6경기 연속 완봉 등 진기록들을 쏟아 내며 최고의 투수로 이름을 날렸다. 통산 200승과 평균 자책점 1.90의 기록을 남겼고, 일본 프로야구 명예의 전당에 헌액되었다.

● 1988년까지 한큐 브레이브스였다. 1989년 오릭스가 이름을 이어받아 1990년까지 오릭스 브레이브스였다가 1991년 오릭스 블루웨이브로 이름을 바꾸었다. 2004년 시즌 후 긴데쓰 버펄로스와 합병하여 오릭스 버펄로스가 되었다.

대회'를 치르기 위해 대한민국 최초의 국가 대표 야구팀이 구성되었을 때 전인천군의 동료인 김선웅, 박현덕과 함께 유완식이 선발된 것은 당연한 일이었다. 그리고 원래 일본에서 포수로 활약했지만 대표 팀에 선발되면서 투수로 전향하게 되었는데, 역시 포수보다는 유능한 투수가 더 급한 형편이었고 유완식보다 더 강한 공을 던지는 선수가 한반도 안에는 아무도 없었기 때문이다.

그렇게 유완식이 마운드에 올라 치렀던 한국 야구 최초의 국제전에서 한국이 거둔 성과는 값진 것이었다. 그날 맞상대했던 미 24군단 팀은 마이너리그에서 강타자로 이름을 날렸던 페론이라는 선수를 비롯해 야구 선수 출신의 실력자들이 여럿 소속되어 있을 만큼 상당한 강팀이었고, 그들이 보기에(그리고 야구를 조금만 아는 이였다면 누가 보기에도) 한국의 '국가 대표 팀'은 어지간한 미국의 동네 야구팀만도 못한 조건과 환경 속에서 연습해 온 풋내기들이었다. 경기 전에 24군단 정훈장교 잉거프리센 소령이 "조선 팀은 이기기는커녕 단 1점도 얻지 못할 것"이라고 말했던 것은 그래서 특별한 허세도 아니었던 셈이다.

그러나 그 말에 자존심이 상한 그날 대회 주최사인 자유신문사의 편집국장 이정순이 "길고 짧은 것은 대봐야 안다"고 토를 달았고, 이에 잉거프리센 소령이 코웃음을 치며 "만약 조선 팀이 이긴다면 배트 50자루와 공 50다스를 내겠다. 조선 팀이 단 1점만 내더라도 공 10다스를 내겠다"고 큰소리를 쳐 일이 커졌다.

물론, 자존심이 힘이 될 수는 있어도 그 힘만으로 실력 차이까지 이겨 낼 수는 없는 일이었다. 경기는 9회 말 마지막 공격에서 짧은 중전 안타 때 2루에서 홈까지 파고들던 4번 타자 이영민이 아깝게 태그아 웃당하면서 4 대 3 패배로 끝났다. 그러나 그 경기에서 3점을 얻은 한국 팀이 받아 낸 야구공 3다스는, 그해 가을에 열릴 예정이던 한국 최초의 전국 규모 야구 대회인 '전국 중등학교 야구 선수권 대회'(지금의 청룡기 고교 야구 대회)의 개최 비용을 대출받기 위한 은행 담보물로 사용됨으로써, 한국 학생 야구를 출범시키는 데 밑거름이 되었다. 당시에 야구공 3다스의 값은 쌀 8가마에 해당했다.

그 뒤로 한국 야구 대표 팀이 1947년에 하와이로 사상 첫 해외 원정을 다녀왔을 때, 그리고 전쟁이 끝난 1954년에 필리핀에서 열린 제1회 아시아 야구 선수권 대회에 출전하며 다시 사상 첫 국제 대회 참가의 역사를 쓰기 시작했을 때 대표 팀 마운드에 서 있던 이는 언제나 유완식이었다.

그 무렵 인천 사람들 사이에서는 유완식이 인천고(인상) 출신이냐 아니냐를 놓고 종종 설전이 벌어지곤 했다. 때로는 인천고의 감독이냐 동산고의 감독이냐를 놓고 입씨름이 오가기도 했다. 그저 모르는 이들의 허튼소리만이 아니라 인천고 학생과 동산고 학생들이 서로 "우리 선생님"이라고 주장하기도 하고, 인천고 학생들은 "우리 선배님이 맞다"고 증언하기도 하면서 미궁에 빠지곤 하는 문제였다.

물론 열일곱 살에 일본으로 건너가 오사카상고를 다니며 야구를 배운 유완식이 인천고 출신일 리는 없으며, 그가 한창 일본 프로야구에서 뛰던 시절에야 개교를 한 동산고 출신일 수도 없었다. 또한 인천고나 동산고로부터 교직원으로 발령을 받거나 지도자로 위촉을 받은 적도 없는, 두 학교와는 아무런 공식적인 인연도 없는 이였다. 하지만 인천고에 두 차례 청룡기 우승을 가져다준 서동준과 그 뒤로 동산고에 세 차례 청룡기 대회 우승을 안겨 준 신인식, 이 두 투수의 스승이 바로 유완식이라는 점에서는 두 학교와 보통이 아닌 인연을 맺은 이가 유완식이기도 했다.

　김선웅과 박현덕은 어려움을 겪을 때마다 일본 프로 리그에서 한 수 위의 야구를 경험한 유완식에게 도움을 청했고, 그때마다 유완식은 주저 없이 자신이 가진 것들을 풀어 놓았다. 진도가 잘 나가지 않을 때마다 저녁 시간에 소집되어 유완식이 진행하는 특별 훈련을 받기로는 인천고와 동산고가 마찬가지였다. 특히 양 팀의 에이스 투수들은 따로 시간을 내서 유완식의 특별 개인 교습을 받기도 했다. 심지어 인천고의 김선웅 감독은 정미소에 급한 일이 생겨 대회 일정과 겹칠 때마다 유완식에게 임시 감독 자리를 맡길 정도였다.

해방
조선의
트로이카

한국 야구 최초의 스카우트 파동

인천에서 한발 앞서 나간 것은 확실히 동산고(동산중)였다. 1946년, 최초의 전국 규모 고교 야구 대회인 청룡기 제1회 대회에서 인천고는 2회전에서 광주서중의 김성중에게 노히트노런으로 패배하는 수모를 당하며 일찌감치 탈락한 반면, 동산고는 1회전을 부전승으로 통과한 뒤 2회전은 춘천중에 12회 연장 승부 끝에 12 대 9로 승리하여 4강까지 진출하며 인천 지역의 선두 주자임을 입증했다.

이듬해인 1947년, 도별로 대표 한 학교씩을 선발해 치른 황금사자기 고교 야구 대회(당시 이름은 '전국 지구 대표 중등 야구 쟁패전') 제1회 대회에 경기도 지역 예선에서 승리하여 대표로 나선 것 역시 동산중이었고, 동산중 에이스 박현식은 개막전으로 치러진 군산중과의 경기에 선발투수로 나서서 역사적인 대회 첫 투구의 기록을 남기기도 했다. 그리고 같은 경기에서 연장전까지 가는 접전 끝에 10회 말 1사 3루 상황에서 황우겸이 스퀴즈번트를 성공시키며 극적인 승리를 챙긴 동산중은 이번에도 4강까지 올라갔다.

하지만 동산중이 준결승에서 만난 경남중은 한 해 전 청룡기 제1회 대회에서 준우승을 거둔 데 이어 그해 봄에 치러진 제2회 대회에서는 대구중을 꺾고 우승을 차지하기도 했던 최강의 팀이었고, 그 팀에는 박현식 못지않게 빠른 공을 던지는 장태영이라는 또 한 명의 걸출한 투수가 버티고 있었다. 그리고 동산중 타자들이 난생 처음 보는 장태영의 강속구를 제대로 공략하지 못했던 반면, 2년째 큰 경기를 치르며 나름대로 경험을 쌓은 경남중의 타자들은 박현식의 공에 제법 타이밍을 맞추었다. 결국 5 대 1로 이긴 경남중이 결승에 진출했고, 또 다른 준결승에서 전남 대표 광주사범을 꺾고 올라온 서울 대표 경기중마저 4 대 1로 누르며 그해 두 개의 전국 대회를 모두 석권하는 기염을 토했다.

황금사자기 1회 대회는 그 나름대로 강해 보이던 동산중과 경기중의 타선을 한 점씩만 내주며 혼자 틀어막은 장태영의 압도적인 힘을 모두가 느끼게 한 무대였다. 그래서 장태영이라는 투수가 고교 무대 최강의 투수라는 점, 그리고 그런 장태영이 있는 한 경남중 역시 맞수가 없는 최강팀이라는 점을 입증한 대회였다.

그런데 너무나도 분명한 그런 결론 때문에 한국 야구 최초의 스카우트 파동이 일어나고, 동산고가 그 파편을 맞아 한동안 표류하는 일이 벌어지기도 했다. 장태영에 맞설 수 있는 에이스 투수가 없이는 이듬해에도 경남중(경남고)을 꺾을 수 없다는 결론을 내린, 그리고 어느 분야에서든 1등이 되지 못하는 것은 받아들일 수 없었던 한반도 최고 명문 경기중(경기고)이 던진 무리수가 그 화근이었다. 대회가 끝난 뒤, 경기중에서는 준결승에서 그 나름대로 장태영과 맞붙여 볼 만한 가능성을 보여 준 동산중의 박현식에게 "거처와 생활비를 지원해 주겠다"며 전학을 제의했고, 집안 경제 사정이 좋지 않았던 박현식이 그 제안을 물리치지 못했던 것이다.

박현식이 동산중을 떠난다는 것은 그리 쉽지 않은 결정이었을 터이다. 팀의 공수에서 핵심 역할을 하는 선수였고, 무엇보다도 바로 친형인 박현덕이 감독으로 있는 곳이었기 때문이다. 물론 그 무렵 집안 형편이 안 좋아 경기중의 경제적 지원 제안을 물리칠 수 없었다지만, 친형 박현덕이 삼화정미소라는 준수한 직장에서 상무로 일하는 한편 동산중에서도 부기 교사로서 꼬박꼬박 월급을 받고 있었다는 점을 감안하면, 불가피한 선택이었다고 보기는 어려울 성싶다. 그래서 경제적 유인에 더해 경기중학이라는 당대 최고 명문 학교의 교복을 입을 수 있다는 점 또한 중요한 매력으로 작용했던 것이 아닌가, 그리고 그래서 친동생이라고는 해도 박현덕 감독이 끝내 잡지 못했던 것이 아닌가 하는 추측도 해 보게 된다.

난공불락 장태영

어쨌든 1948년, 경기중 유니폼으로 갈아입은 박현식은 동산 시절보다 훨씬 여유로운 환경 속에서 운동하는 동료들과 함께 조금 더 나은 경기력을 발휘할 수 있었고, 박현식이라는 에이스를 얻은 경기중의 전력 역시 한 단계 올라설 수 있었다.

그해 6월에 열린 청룡기 대회에서 동산중은 박현식의 공백에도 불구하고 경기도 예선을 통과한 뒤 4강까지 올라가며 선전했지만, 역시 장태영의 경남중에 막혀 12 대 0으로 대패하며 물러나야 했다. 그렇게 박현식이 없는 동산중을 가볍게 밟고 결승 무대에 올라선 경남중을 기다리고 있던 것은 경기중이었고, 그 마운드에는 동산중에서 스카우트해 온 박현식이 서 있었다.

최강팀 경남중의 최고 투수 장태영. 그리고 그를 꺾기 위해 합체한 박현식과 경기중. 그 극적인 대결은 해방 후 고교 야구 최고의 흥행 카드로 떠올랐고, 그 역사적인 대결의 결과를 직접 확인하기 위해 1만 2천 명의 대관중이 서울야구장을 가득 메웠다. 하지만 4회까지 0 대 0으로 팽팽하게 이어지던 균형은 5회 초 경남중의 공격 때 주자 2루의 상황에서 평범한 뜬공을 경기중의 좌익수가 놓쳐 한 점을 내주면서 깨지고 말았다. 그리고 그것으로 승부도 끝이었다. 1 대 0의 승리로 경남중의 우승 행진이 이어졌고, 그 대회의 전 경기를 완봉으로 막아 낸 장태영은 난공불락의 투수로 다시 한 번 공인을 받을 수 있었다.

석 달 뒤인 9월에 열린 제2회 황금사자기 대회에서도 비슷한 일이 반복되었다. 오로지 '경남중 타도'만을 외치며 절치부심한 경기중은 부산중과 능인중을 잇달아 완봉한 뒤 결승으로 달려갔고, 경남중 역시 강원농업과 인천공업을 간단히 누른 뒤 결승에 합류했다. 결승전이 열리던 날에는 이번에도 어김없이 1만 2천 명의 만원 관중이 몰려들었고, 두 팀의 마운드에 선 것 역시 박현식과 장태영이었다. 그리고 안타깝게도 결과까지도 똑같았다. 장태영이 직접 2회와 3회에 1타점과 1득점을 기록한 경남중이 2 대 0으로 앞서가자 경기중도 3회에 안타, 보내기번트, 스퀴즈번트를 묶어 한 점을 따라갔지만 7회 초 4구와 실책으로 주자 두 명을 내보낸 상황에서 경남중의 대타 이일봉이 2타점 적시타를 터뜨리며 4 대 1로 균형을 무너뜨리고 말았던 것이다. 1947년과 1948년 2년 동안 청룡기와 황금사자기 두 대회를 모두 경남중이 석권하고, 경기중은 그중 세 번을 준우승에 그치며 눈물을 흘린 비운의 주인공이 되고 말았다.

물론 변함없는 활약을 보여 주기는 했지만 결국 '경남중 타도'라는 목적을 실현하지 못했다는 점에서, 경기중의 박현식 영입은 실패로 돌아갔다고 할 수 있을 것이다. 그리고 1949년, 졸업반이 된 박현식은 홀연 동산중으로 다시 전학해 버렸다.

'최후의 웃는 자' 김양중

박현식이 경기중으로 전학하기로 한 이유가 무엇인지 분명하지 않은 것과 마찬가지로, 그가 동산중으로 돌아온 이유가 무엇인지 역시 분명하지 않다. 일설에 따르면 형인 박현덕 감독이 "동산중으로 돌아오지 않으면 형제의 연을 끊겠다"고 엄포를 놓았기 때문이라지만, 그럴 거면 왜 경기중 전학을 막지 않았는지가 마저 궁금해지기도 한다. 어쨌거나, 동산중과 경기중을 오간 박현식의 일은 야구협회로 하여금 "전학생은 당해년도에 한해서는 공식 경기 출전을 금지한다"는 전학생 규정을 만들게 하는 계기가 되기도 했다.

이듬해인 1949년, 박현식을 떠나보낸 경기중은 청룡기 대회에서 휘문중에 4 대 2로 패배하면서 예선 탈락하는 수모를 겪은 데 이어 황금사자기 대회에서는 1회전부터 만난 경남중에 10 대 0으로 콜드게임 패를 당하기까지 하며 강호의 반열에서 떨어져 나갔다. 그리고 박현식이 다시 가세하여 의욕이 충만했던 동산중 역시 청룡기 2회전에서 대구상업에 6 대 0 완봉을 당하며 탈락한 데 이어 황금사자기에서도 준결승에서 어우홍이 이끌던 신흥 강호 동래중에 3 대 0으로 영패를 당해 탈락하며 대회를 마감했다.

2년 이상 장태영과 경남중에게 이를 갈며 달려들었던 경기중과 박현식의 도전은 끝내 물거품이 되어 버렸다. 하지만 장태영 역시 '최후의 웃는 자'가 되지는 못했다. 1949년 청룡기 결승전에서 경남중과 만난 광주서중의 김양중이 99.4% 대 0.6%라는 압도적인 승패 예측을 뒤집고 2 대 1의 극적인 역전승을 이끌어 내며 경남중과 장태영의 무패 행진을 끝내 버리는 대사건을 벌였기 때문이다. 그 한 경기를 통해 장태영은 졸지에 2인자로 낙인찍힌 채 학창 시절을 마감해야 했고, '만년 2인자'라는 별명만으로도 서러웠던 박현식 역시 해방 직후 고교 야구의 '제3인자'로 그나마 한 단계 밀려 내려가고 말았던 것이다. ✍

해방 직후 고교 야구 트로이카 박현식, 장태영, 김양중은 한국전쟁이 터지자 각자 입대한 뒤
육군 야구팀이 결성되자 모여서 한솥밥을 먹기도 했다. 사진은 육군야구단 시절의 박현식(왼쪽)과
장태영(가운데)(사진 제공: 최호왕)

2연패 인천고,
3연패 동산고

전쟁으로 인한 공백기

대학 야구 최강자를 가리는 서울상대와 성균관대의 일전이 벌어지고 있던 1950년 6월 25일 오후, 갑작스레 사이렌이 울리며 '전면전 발발' 소식이 알려졌다. 그로부터 한반도는 만 3년간 참혹한 전쟁의 소용돌이에 휘말려들었고, 야구인들 역시 모든 한국인들이 그랬듯 각자 버거운 운명을 감당해야 했다. 청룡기 대회를 만든 자유신문사 정인익 전 사장과 야구협회 이정순 이사장, 그리고 '손기정 일장기 말소 사건'의 주역이자 각종 학생 야구 대회 탄생의 산파 역할을 했던 동아일보 이길용 기자가 북한군에 끌려간 뒤 실종되었고, 청룡기 우승 멤버였던 대구상업 이문조, 석나홍, 박상호 같은 선수들은 얼마 뒤 학도병으로 참전했다가 전사하기도 했다. 한국인 최초의 프로야구 선수이자 박현덕, 박현식 형제의 맏형인 박현명이 행방불

명된 것 역시 전쟁 통에 벌어진 일이었다. 그해 중학을 졸업했던 해방 조선 야구의 트로이카 장태영, 박현식, 김양중 역시 군에 입대해 각각의 전장을 누비다가 종전 직전에 창단된 '육군야구단'에서 만나 한솥밥을 먹기도 했다.

전쟁은 사람을 죽이는 일, 그리고 그 틈바구니에서 살아남는 일 외의 모든 것을 무의미하게 만들어 버렸다. 인천야구장이 인천 상륙 작전 직후 전투 과정에서 쑥대밭이 되어 버리기도 했고, 동대문의 서울야구장은 남쪽이건 북쪽이건 서울을 점령하는 이들이 번갈아 여는 군중집회의 마당이 되는가 하면 미 8군 사령부의 터로 이용되기도 했다.

길게는 3년, 짧아도 2년 가까운 공백기 동안 한반도에서 야구라는 것이 완전히 중단되었기에, 전쟁 후 모든 것은 처음부터 다시 시작되어야 했다. 무적함대 경남중을 극적으로 꺾으며 해방 후 중학 야구 1세대 쟁패전의 최후 승자가 된 광주서중을 비롯해 광주사범, 군산중 등이 일군을 형성하던 호남 야구는 그 뒤로 20여 년이 지난 뒤 군산상고와 광주일고가 야구부를 재창단할 때까지 긴 겨울잠에 빠져들어 버렸고, 간간이 복병 노릇을 하던 강릉농업중, 대전사범, 인천공업중 같은 학교들의 야구 역사 역시 땅속에 묻혀 버리고 말았다.

인천고, '무적 신화'를 이어받다

전쟁이 끝난 1953년 가을부터 야구는 다시 시작되었다. 1950년 6월 15일에 치러진 5회 대회를 마지막으로 중단되었던 청룡기 대회가 1953년 10월 1일에 재개된 것이 그 시작이었다. 그 사이 '중등학교' 라는 이름이 '고등학교' 로 바뀌었고, 대회의 주최사도 자유신문사에서 조선일보사로 바뀌었다. 전쟁 전 마지막 우승 팀 대구상고를 비롯해 선린상고, 부산제1상고 등 고작 7개 학교가 간신히 출전 명단에 이름을 올렸지만, 경기력은 형편없었다. 선배들이 죽거나 실종되거나 흩어져 버린 상황에서 야구를 처음 접하다시피 한 선수들이 팀을 이루었으니 당연한 일이었다. 또, 야구부원이라 한들 삶의 조건이 척박한 터에 방과 후에 야구 연습에 전념할 수가 없었기 때문이기도 했다.

대회 내내 볼넷과 실책이 만발했고, 그 결과 어이없는 점수 차의 콜드게임이 속출했다. 선린상고와 1회전에서 만난 대전고가 무려 18개의 사사구와 11개의 실책을 저지르며 13 대 0으로 7회 콜드게임 패를 당했고, 부산제1상고와 만난 광주상고는 14개의 실책을 저지르고 16

청룡기. 운보 김기창의 밑그림에 수를 놓아 만들었다. (사진 제공: 인천광역시립박물관)

개의 안타를 두들겨 맞으며 27 대 0으로 역시 7회 콜드게임을 당했다.

그런 난장판에서 그나마 야구다운 야구를 하는 팀은 서울을 대표하는 선린상고, 영남권을 대표하는 부산제1상고와 대구상고를 꼽을 수 있었고, 그들보다 또 한 수 위에 서 있었던 것이 바로 인천고였다. 1회전을 부전승으로 통과한 뒤 2회전에서 지난 대회 우승팀 대구상고를 맞아 13 대 2의 대승을 거두며 결승에 진출한 인천고는 결승에서 선린상고와 만났고, 인천고 투수 서동준은 5안타 1실점으로 완투하며 5 대 1의 승리를 이끌 수 있었다. 전쟁 후 첫 대회에서의 우승이었다.

이듬해인 1954년 제9회 청룡기 대회에서도 거의 같은 모습이 반복되었다. 개막전에서 대구상고를 만난 전주고는 사사구 9개를 내주고 실책 11개를 저지르는가 하면 도루를 무려 15개나 허용하며 20 대 5로 무너져 야구의 수준이 한 해 만에 눈에 띄게 회복될 수는 없음을 입증했다. 그리고 그해에도 대전공고와 대구상고를 누른 인천고와 경남고를 꺾은 선린상고가 또다시 결승전에서 맞붙었는데, 이때도 인천고가 5 대 2로 승리했다는 결과까지도 거의 같았다.

그렇게 부활한 청룡기를 2연패한 인천고는 그 기세를 몰아 한 달 뒤인 11월 8일에 역시 부활된 황금사자기 5회 대회에서도 대구상고, 부산상고를 연파하고 결승에 올라 경남고마저 10 대 2로 대파하여 '무적 신화'를 물려받기도 했다.

동산고는 1955년부터 1957년까지 내리 세 차례 우승하며 청룡기를 영구 보존하게 되었다. 앉아 있는 이가 그 세 번의
우승을 모두 이끌었던 명투수 신인식이다.(사진 제공: 최호왕)

청룡기, 영구히 동산고의 품에 안기다

재미있는 것은, 그렇게 무적 행진을 벌이던 인천고의 앞을 가로막는 데 성공한 것이 같은 인천의 동산고였다는 사실이다. 다시 한 해가 지나 1955년 청룡기 대회에서 전년도 우승 팀 인천고가 본선에 자동 출전함에 따라 경기도 대표 자리를 물려받아 출전한 동산고는 경동고와 경남고를 꺾고 결승에 올라 인천고와 맞붙었고, 1 대 1로 팽팽하게 맞선 채 연장전으로 돌입해 12회 말 인천고 투수 이기상의 폭투로 끝내기 점수를 뽑아 우승을 확정하는 드라마를 연출했다. 동산고의 우승은 그해 입학한 1학년생 투수 신인식이 과거에 '태양을 던진 사나이'라 불리던 장태영에 비견될 만한 강속구를 던지며 거의 모든 경기에서 완투 행진을 벌여 나갔던 데 힘입은 바가 컸다.

이듬해 2학년이 된 신인식은 한층 더한 위력을 뿜냈다. 1956년 11회 청룡기 대회에서는 대전고와 부산고를 꺾고 결승에 올라 서울의 중앙고와 만났는데, 바로 그 경기에서 전국 대회 결승전 사상 최초의 노히트노런 대기록을 수립하며 1 대 0의 승리와 청룡기 2연패를 이끌었던 것이다. 그 경기에서 중앙고의 유일한 출루는 1회 초 1번 타자 천진환이 기록했는데, 평범한 땅볼을 동산의 유격수 박하성이 놓치면서 퍼펙트게임의 대기록 수립에 걸림돌이 되고 말았던 것이다.

하지만 절정은 1957년이었다. 그해 6월의 청룡기 대회 결승전에서 또다시 동산고와 인천고가 맞붙었는데, 3년 전의 상황이 고스란히 뒤집힌 형국이었다. 3년 전에는 대회 3연패에 도전하던 인천고가 결승에서 동산고에 일격을 당하며 좌절했었는데, 이번에는 반대로 대회 3연패에 도전하는 동산고가 설욕 의지로 타오르던 인천고를 마주하게 되었기 때문이다.

박현식을 앞세워 한발 앞서 갔던 동산고, 서동준을 앞세워 일거에 전세를 역전시킨 인천고, 그리고 다시 신인식을 발굴해 패권을 되찾아 간 동산고. 1957년에 인천고가 결승에 올라 전세 역전의 기회를 잡기는 했지만, 문제는 지난 2년간 동산고 전성시대를 이끈 투수 신인식이 3학년으로 여전히 동산고 마운드를 지키고 있었다는 점이다. 그때까지 장태영, 김양중, 서동준 등 다른 에이스 투수들이 2학년 이후에야 제 실력을 발휘해 왔던 것과 달리 1학년 때부터 전국을 제패한 신인식의 위력이었다. 인천고는 2학년생 투수 남창희로 맞불을 놓으려 했지만, 속구의 위력이나 경기 운영의 노련함이나 어느 면에서도 신인식을 따라잡을 수는 없었다. 결국 3 대 1의 동산고 승리. 동산고가 대회 12회 만에 최초로 3연패의 위업을 달성한 것이다.

특히 청룡기에서 대회 3연패가 큰 의미를 가지는 것은, 대회 규정상 3년 연속 우승을 달성한 학교가 청룡기를 영구 보관할 수 있도록 되어 있었기 때문이다. 운보 김기창 화백의 그림을 수놓아 만든 청룡기는 한국 역사상 최초의 전국 학생 야구 대회 우승의 상징물이었고, 전쟁이 터지기 일주일 전에 끝난 결승전에서 이기면서 청룡기를 차지한 대구상고의 김종경 감독이 시시각각 밀려드는 공산군의 눈을 피하기 위해 투수판 밑에 땅을 파고 묻었다가 다시 꺼내 교장 사택에 숨겼다가 다시 창고로 옮겨 특별히 나무 관을 만들어 숨기기를 반복하는 전전긍긍 끝에 지켜 낸 우여곡절의 산물이기도 했다.

  3년 전 인천고가 거의 손에 넣었다가 놓쳤던 그 역사적인 우승기가 결국 동산고의 수중에 들어가고, 지금도 동산고 교장실에 보관될 수 있게 된 것이다. 📝

성인 야구의
최강자,
전인천군

학생 야구에서는 전쟁이 끝난 다음부터 인천이 최강자로 군림하기 시작했지만, 사실 성인무대에서는 그보다도 조금 앞서서 인천의 강세가 나타나기 시작했다. 인천고와 동산고 돌풍의 숨은 주역들인 김선웅과 박현덕, 그리고 그 두 학교 선수들의 든든한 '큰아버지'였던 유완식이 인천을 대표하는 사회인 팀인 '전인천군'의 주전 선수로 활약하고 있었기 때문이다.

해방 이듬해인 1946년, 자신의 소속 팀인 일본 프로야구 한큐 브레이브스로 복귀할 길이 막혀 버린 유완식을 주축으로 김선웅과 박현덕, 그리고 김선웅과 함께 고시엔 본선에 출전했던 장영식, 유완식의 동생 유인식 등이 모여 '전인천군'이라는 팀이 결성되었다. 한용단이 해체된 뒤 이름을 바꾸어 재결성했던 '고려야구단' 출신 박칠복이 회장을 맡고 1920년대에 영화보통학교 야구부를 이끌던 최문혁이 감독을 맡으면서 이따금 선수로도 출전을 했다. 다른 이들도 물론 어디에 내놓

아도 밀릴 것이 없는 좋은 선수들이었지만, 사실상 '현역 일본 프로야구 선수'의 기량을 가지고 있던 유완식의 존재는 당시 한국의 사회인 야구 리그에서 절대적인 위력을 발휘하는 요소였다.

물론 선수들에게 급료가 주어지는 것도 아니고, 야구 장비나 유니폼 같이 팀 운영에 필요한 자금을 지원해 주는 이가 따로 있는 것도 아니었다. 그래서 결국 각자 생업에 종사하다가 경기 때나 모이는 순수 아마추어 팀에서 벗어날 수는 없었다. 하지만 그렇더라도 취미 활동으로 이루어지는 오늘날의 동호인 팀과는 전력과 경기에 임하는 자세 면에서 큰 차이가 있는 팀이었다. 직업으로서 야구를 할 수 있는 길이 없던 시대에 야구에 미친 사내들이 모여 열정을 나누고 달래는 팀이었기 때문이다. 실제로 전인천군의 선수들은 경기 날이 아니더라도 김선웅과 박현덕처럼 학생 선수들을 지도하기도 하고 때로는 유완식처럼 국가 대표 팀에 소집되기도 하면서 전인천군 활동을 '야구 인생'의 한 부분

1947년 제2회 월계기 대회에서 우승한 전인천군(사진 제공: 인천시립박물관)

으로 조직해 나가기도 했다.

사실 전인천군은 결성되던 첫 해인 1946년 6월에 마침 청룡기 대회를 주관하던 자유신문사가 창설한 '제1회 월계기 쟁탈 전국 도시 대항 야구 대회'가 개최되자 곧장 출전을 감행했는데, 그 대회에서는 뜻밖에도 3전 전패를 당하고 조기 탈락하는 수모를 당한 적이 있었다. 그때만 해도 아직 훈련도 부족하고 팀 동료들끼리 손발을 맞추어 보기 전이기도 해서 그랬겠지만, 무엇보다도 선수의 수가 절대로 부족해 거의 모든 경기를 단 9명으로 치러야 했던 사정 탓이기도 했다.

하지만 곧 선수들을 보강하고 인천의 부평 지역에 주둔하고 있던 미군 제24 군수지원사령부(일명 '애스컴' 부대)나 인천항에 있던 제21 항만사령부 같은 주한 미군 팀과 친선경기를 가지면서 전력을 안정화시키기 시작했다. 물론 미군 팀을 상대로도 처음에는 지는 경우가 더 많았지만, 조금씩 짜임새를 갖추어 가며 미군 팀들도 얕볼 수 없을 정도의 만만치 않은 경기력을 선보인 덕에 나중에는 정기전 형태로 주말마다 웃터골에서 경기를 가지게 되기도 했다. 그 결과, 이듬해인 1947년 5월에 열린 '4대 도시 대항 야구 대회'에서는 결승전에서 경성 팀을 2대 1로 꺾고 우승하며 비로소 체면을 살렸고, 내친 김에 그로부터 두 달 뒤에 다시 열린 '제2회 월계기 쟁탈 전국 도시 대항 야구 대회'는 물론이고 황금사자기 고교 야구 대회를 주관하던 동아일보사가 창설한 '제1회 전국 지구 대표 야구 쟁패전', 그리고 전국체전까지 모조리 우승하며 비로소 '구도(球都) 인천'이라는 말이 널리 회자되게끔 만들기 시작했다.

3년 단위로 선수들의 교체가 이루어지는 학생 야구와는 달리, 전쟁이 끝난 뒤에도 전인천군의 위세는 쉽게 꺾이지 않았다. 기존 멤버들이 꾸준한 활약을 해 준 데 더해 동산고를 졸업한 박현식과 인천고를 졸업한 서동준 같은 신예들까지 가세하며 더 강해진 전인천군은 1953년부터 1956년까지 '도시 대항 야구 대회'에서 4년 연속으로 결승전에 진출하는 기록을 세우며 2번의 우승과 2번의 준우승을 차지하는 성과를 남기기도 했다.

구도(球都)
인천

인천 야구 발전의 숨은 공신, 주한 미군

서둘러 재개되긴 했지만 고교 야구의 수준은 그리 쉽게 끌어올려지지 못했고, 학교 간의 전력 차는 극심했다. 경기와 영남권을 제외한 지역의 학교들은 본선 무대에서도 구색을 맞추어 주는 것 이상의 역할을 하지 못했다. 대회 때마다 대전고, 전주고, 광주상고 같은 변방 지역 학교들은 1회전에서 갖가지 민망한 기록들을 쏟아 내며 대패하고 돌아갔고, 2회전부터는 다시 서울, 인천, 영남 지역의 학교들이 진검 승부를 벌이는 패턴이 반복되곤 했다.

그런데 그 와중에도 인천고와 동산고가 우승컵을 주고받으며 전국 야구의 최정상에 군림할 수 있었던 데에는 몇 가지 이유가 있었다. 물론 가장 큰 이유는 인천항을 드나들던 미국인과 일본인들이 뿌려 놓은 씨앗 위에 한용단이 싹을 틔운 야구의 전통이라고 해야 할 터이다. 하지만 그 밖에도 몇 가지를 덧붙여야 완성된 답이 될 수 있는데, 그중 하나는 인천에 주둔하고 있던 미군 부대의 존재였다.

인천에서 부천 쪽으로 붙어 있는 부평에는 일제강점기 동안 일본군 조병창이 자리 잡고 있었다. 그곳에서 만든 탄약과 무기들이 인천항을 통해 나가 황해를 건너 대륙 침략 전쟁에 보급되었던 것이다. 그리고 해방 이후 일본 군수 부대들이 떠나간 그 자리에는 그대로 미군 제24 군수지원사령부(ASCOM24)가 들어서 보급창이 지어졌고, 그 뒤를 이어 의무대, 공병대 등의 후방 지원 부대들이 대거 들어서 자리를 잡았다. 한때 그 미군 부대 안에서 일하는 한국인 종업원만 4천여 명에 달했다고 할 정도로 엄청난 규모였다.

군대 일이 고된 거야 전후방이 따로 없다고는 하지만, 그래도 부대 이동이 잦지 않고 늘 비슷한 일과가 반복되는 후방 부대 군인들의 경우 그나마 여가를 즐기고 문화를 향유할 여유를 가질 수 있다는 장점은 있는 법이다. 부평에 주둔한 미군들도 휴일마다 부대 안팎의 공터에서 야구를 즐겼고, 그러다 보면 때로는 경기 상대가 필요하기도 했다. 그러면 아쉬우나마 한국인 소년들이 그 상대로 선택되기도 했다.

"인천에는 미군 부대가 있었으니까, 미군들이 야구하는 걸 많이 봤어요. 그리고 야구 시작한 뒤로는 미군들하고 연습 경기도 많이 했고. 연습 경기를 해 보면 잘하죠. 우리하고 비교하면 뭐, 공도 빠르고 수준이 훨씬 높았죠. 그렇게 미군들하고 경기를 하다가 우리나라 다른 학교랑 시합을 해 보면, 아주 쉬웠지."(서동준)

미군들이 훈련 파트너로서만 의미가 있었던 것은 아니다. 어쩌면 그보다 더 중요한 것이 '야구 장비의 공급원'이라는 점이었다.

"그땐 글러브도 몇 개 없어 가지고 시멘트 포대를 이렇게 접어 가지고 만들어서 쓰기도 하고 그랬죠. 시합 때는 두 팀이 글러브를 함께 쓰기도 했고, 방망이도 부러지면 못을 박아 가지고 다시 써야 했고. 공은 뜯어지면 각자 나눠서 집에 가서 꿰매다가 써야 했고. 그런데 미군들은 파울로 넘어간 공도 주우러 가질 않으니까, 그런 건 다 우리 차지가 되죠. 뭐 가끔은 슬쩍 훔치는 경우도 있고……."(서동준)

미군은 멀리 타향에 주둔해 생활하는 자국 군인들의 무료함을 달래기 위해 야구 용품을 보급품에 포함시켜 제공했고, 그 덕에 주한 미군 팀들은 꽤 넉넉한 장비로 경기를 즐기고 있었다. 그래서 파울볼이 담장을 넘어가면 미군들은 군이 발품 팔아 가며 회수하려고 들지도 않았기 때문에 한국인 선수들은 냉큼 달려가서 줍기만 하면 되는 일이었고, 경기가 끝나면 그 경기에서 사용한 공 몇 개를 자연스럽게 얻어 챙길 수도 있었다. 사실, 그렇게 미군들의 야구 경기 모습을 구경하다가 담장을 넘어가는 공을 주워 사용한 것은 전쟁 전부터의 일이었는데, 재창단한 인천고 야구부의 주축 멤버였던 김재은이나 전쟁 후 전성기 인천고 주전 유격수였던 김진영 같은 이들은 초등학생 시절 그렇게 공 따위를 주워서 유완식 같은 '전인천군' 아저씨들에게 바치고 커브 던지는 법 등을 배운 경험을 가지고 있었다.

인천고와 동산고가 야구부를 창단해 제법 훈련도 하고 대회 경험도 쌓은 뒤에는 미군 팀들과 연습 경기를 하곤 했는데, 그럴 때면 미군들이 "우리가 지면 야구공 몇 개, 배트 몇 자루" 하는 식으로 상품을 거는 경우가 많았다. 그런데 경기에서 이겨서 그 상품을 얻어 내는 경우도 있었지만, 지는 경우에 오히려 기분이 좋아진 미군들로부터 더 많은 상품을 얻을 때도 많았기 때문에 종종 일부러 적당히 져 주는 작전을 펼치기도 해야 했다.(오히려 이기는 날은 기분이 나빠진 미군들이 애초에 걸었던 상품에 관한 약속도 나 몰라라 하고 돌아서 버리는 경우도 있었다고 하니, 상대가 눈치채지 못하도록 기분 좋게 적당히 져 주는 쪽이 안전한 길이었다고 할 수도 있다.)

인천 야구의 또 다른 젖줄, 서북 지역 사람들

미군들의 존재 외에 또 한 가지 인천 강세의 요인으로는 그곳에 많이 살던 서북 지역 출신 실향민들의 존재를 꼽을 수 있다.

태평양전쟁이 막바지에 다다르며 너도 나도 먹고살기 힘들었던 그 시절에 그나마 인천항은 일본으로 빼돌리는 곡식, 중국 대륙의 전장으로 보내는 군수 물자 등이 수시로 들락거리며 흥청거리던 곳이었다. 그래서 조금 형편이 나은 이들은 정미업이나 곡물 거래업에 뛰어들어 재산을 불릴 기회를 잡을 수 있었고, 밑바닥에서는 부두 하역 일이라도 맡거나 그곳을 오가는 사람들을 상대로 국밥이라도 팔아서 생계를 이을 수 있었다. 그러다 보니 평안도, 황해도 등 서북 지역 사람들이 거리가 비교적 가깝고 풍속도 비교적 비슷한 인천으로 내려와 일찍부터 자리를 잡기도 했던 터에, 전쟁이 끝난 뒤로는 피난을 내려왔다가 고향 돌아가는 길이 막힌 실향민들이 가세하며 그 수가 훨씬 늘게 되었던 것이다.

그런데 이북에서도 개성과 평양은 특히 야구 문화가 일찍부터 발달한 곳이었다. 일제강점기에 비록 일본인들로 이루어진 팀이긴 했지만 평양중학이 조선 대표로서 고시엔대회 본선에 3차례나 출전했던 적도 있었고, 서울과 인천 일대에서는 강팀으로 군림하던 한용단도 1920년 6월에 인천으로 원정 온 개성의 선발팀 '고려구락부'에 14 대 3으로 참패한 데 이어 두 달 간의 강훈련 끝에 설욕을 위해 개성 원정을 가서 또다시 13 대 0으로 졌다는 기록을 남긴 적도 있었다.

하지만 다른 무엇보다도, 인천고 야구의 대부 김선웅과 동산고 야구의 대부 박현덕, 그리고 그들과 함께 인천 야구의 또 한 명의 대부라고 할 만한 유완식이 모두 평안도 출신이라는 사실만 떠올려 보더라도 그 점은 쉽게 알 수 있는 일이다.

유완식은 황해도 백천 출신으로 역시 일거리를 찾아 인천으로 이주한 부모님을 따라 내려와서 인천공립보통학교(지금의 창영초등학교)를 다녔고, 다시 형님을 따라 일본으로 건너가 오사카상고에서 본격적으로 야구를 배운 인물이었다. 더구나 김선웅과 박현덕은 똑같이 평양과 곧바로 이어진 대동강 초입의 진남포에서 1919년 출생하여 장성한 뒤

에도 삼화정미소라는 직장에서 함께 일하고 그 회사 사택에서 담장을
마주하고 생활한 단짝이기도 했다. 그래서 주변 사람들은 그 두 사람
을 가리켜 '오리발'이라고 부르곤 했다고 한다. 떨어져 있지만 붙어 있
는, 둘이지만 하나 같은 사이임을 뜻하는 재치 있는 별명이었을 것이
다. 아마 인천상업학교를 졸업한 김선웅의 집안이 조금 일찍 인천으로
이주했을 테고 평양고등보통학교를 졸업하고 연희전문을 다닌 박현덕
이 김선웅의 집안이 먼저 자리 잡고 있던 인천 신흥동으로 뒤따라온
것으로 보이기는 하지만, 어쨌거나 각각 인천과 평양에서 야구를 배운
그 두 사람이 결국 의기투합한 곳이 또한 인천이었다는 점은 그 두 사
람에게나 인천에나 평범하지 않은 인연이 아닐 수 없다. 📝

신인식,
고순선,
최관수

신인식의 후계자 고순선

　　'인천 야구 전성시대'를 연 것은 인천고였지만, 그 후반부를 좀 더 길게 이어 간 것은 동산고였다. 1956년 청룡기, 문교부 장관기, 쌍룡기, 전국 4도시 초청 대회, 전국체전까지 5개 전국 대회 전관왕을 달성한 데 이어 한 해 뒤인 1957년에는 서울운동장 확장 공사로 1956년 한 해를 거르고 이어진 11회 황금사자기까지 휩쓸며 사상 최초의 '전국 대회 사이클링 우승'을 달성하고 그해 청룡기까지 우승해 1955년부터 청룡기 3연패의 위업을 달성한 것은 그 절정이었다. 물론 신인식이라는 당대 최고의 투수가 1학년부터 3학년까지 변함없이 위력적인 공을 던지며 팀을 이끈 덕분이었다.

　　하지만 신인식이 졸업한 뒤에도 동산고의 위세가 바로 주저앉은 것은 아니었다. 곧바로 고순선과 최관수라는 에이스가 나타나 뒤를 이었기 때문이다. 신인식이 졸업한 1958년부터 곧바로 동산의 마운드를 물려받은 고순선이 3학년이던 1959년 청룡기 대회에서 동산고는 2회 전에서 경동고에 4 대 0으로 졌지만 패자부활전에서 경북고와 경기공 고를 꺾고 결승에 올라 다시 만난 경동고에 5 대 2, 6 대 3으로 두 판 을 연속으로 이기며 교장실을 두 개의 청룡기로 장식할 수 있게 했다. 고순선은 그해 그 대회 외에도 7월에 부산에서 열린 4도시 선발 대회 에서 오랜만에 결승에서 만난 인천고를 4 대 0으로 완봉하고 동산고 를 우승시키며 최우수선수로 선정되었고, 같은 해 10월에는 학생과 사회인을 망라한 '전인천군' 투수로 나서 성균관대를 역시 무실점으 로 막으며 콜드게임 승을 이끌기도 했었다.

만능선수 최관수

하지만 야구사에 그보다도 더 길이 이름을 남긴 것 은 고순선의 두 학년 후배로 들어온 최관수였다. 그는 체구도 크지 않 았고, 빠른 공보다는 정교하게 제구되는 낙차 큰 커브를 주 무기로 삼 는 투수였다. 그는 1960년 부산에서 열린 선수권 대회에서 강팀 성동 고를 상대로 21개의 삼진을 빼앗아 내며 이름을 알렸고, 아울러 그해 고교 야구 최고의 타자에게 주는 이영민 타격상을 받으며 투타 양면에 서 뛰어난 만능선수로 인정을 받기도 했다. 이듬해인 1961년에는 화 랑기 대회에서 4경기 연속 완봉승을 거두며 팀을 우승으로 이끌었고, 그해 청룡기 대회에서도 결승전에서 이재환-백인천 배터리가 버티던 당대 최강 팀 경동고에 막히긴 했지만 팀의 준우승을 이끌기도 했다.

그가 2학년인 1960년부터 두각을 나타내자 학교 측이 한 해 유급을 시키게 되면서 1962년까지 학교에 다니게 되었는데, 1962년 1월에는 대만에서 열린 아시아 선수권 대회 국가 대표 팀에 고교생으로서는 유일하게 선발되어 화제가 되기도 했다. 고교생으로서 국가 대표로 선발된 것은 1954년 필리핀에서 열린 제1회 아시아 야구 선수권 대회에서 한양대 입학을 확정한 채 졸업식을 앞두고 있던 인천고의 서동준이 발탁된 이후 처음 있는 일이기도 했다.(고교생으로서 국가 대표 팀에 선발된 것은 영광이기도 했지만 선수 개인으로서는 고생길이기도 했다. 투수의 경우에는 어깨를 보호해야 하기 때문에 무거운 짐을 지우지 않는 것이 상식이기는 했지만, 새파란 고교생 막내에게까지 지켜지는 철칙은 아니었기 때문이다. 서동준과 최관수는 처음 소집된 국가 대표 팀에서 늘 양 어깨에 무거운 포수 장비 따위를 메고 다녀야 했다. 최고참인 유완식, 김영조 등과 많게는 16년까지도 차이가 나는 까마득한 후배였기 때문이다.)

고교 야구의 변방을 개척하다

하지만 최관수라는 이름을 세상 사람들이 오래도록 기억할 수 있었던 것은 선수로서보다는 지도자로서 이룬 극적인 성공 덕분이었다. 졸업 후 기업은행에서 단짝이었던 재일 교포 출신 김성근과 좌우완 원투펀치를 이루어 1965년과 1966년 각각 15승과 17승으로 실업 야구 다승왕에 오르기도 했지만 어깨 부상 때문에 스물여섯의

기업은행 선수 시절의 최관수〔사진 제공: 오성자(고 최관수 감독 부인)〕

어린 나이에 은퇴해야 했던 그는 1968년에 창단된 지 얼마 되지 않은
군산상고의 감독을 맡았다. 그리고 야구의 변방에 머물던 군산 소년들
을 빠르게 일류 선수들로 키워 내, 1972년 황금사자기 대회에서 우승

1972년 황금사자기 결승전에서의 대역전극은 5년 뒤 〈고교 결전—자, 지금부터야〉라는 제목의 영화로 제작되기도 했다.
감독은 정인엽, 최관수 감독 역은 하명중이 맡고, 진유영·이동진 등이 선수로 출연했다. 최관수 감독(가운데)이 배우들과
함께했다. 당시 재학 중이던 김성한 등은 엑스트라로 출연하기도 했다.(사진 제공: 오성자)

을 일구었다. 그것은 군산상고의 창단 후 첫 우승이었음은 물론이고,
전쟁 전인 1949년 김양중이 이끌던 광주서중(오늘날의 광주일고)이 청
룡기에서 우승한 이후 호남 지역 학교가 서울에서 열리는 전국 대회에
서 거둔 첫 우승이었다.

　더구나 그 우승은 한국 고교 야구 역사상 가장 극적인 역전극으로도
유명한데, 부산고와 치른 결승전에서 4 대 1로 지고 있던 경기를 9회
말에 뒤집어 역전 우승을 이루었기 때문이다. 그것이 바로 군산상고에
'역전의 명수'라는 별명을 붙여 준 사건이었다. 또한, 전쟁 이후로는

서울·경기와 영남권이 주고받던 고교 야구 패권 경쟁에 '호남'이라는 또 다른 우승 후보를 등장시킴으로써 야구 열기의 전국화에 불을 붙인 사건이기도 했다. 길게 보면, 지역 연고제에 바탕을 둔 프로야구의 출범을 가능하게 한 계기가 되었던 셈이다. 그리고 그 우승의 주역이었을 뿐더러 실제로 1980년대 한국 프로야구를 이끌어 간 김봉연, 김준환, 김일권, 김성한, 김용남, 조계현 등을 직접 길러 낸 명지도자가 바로 최관수였다.

긴 썰물의
세월

1950년대에 인천이 누리던

경제적 풍요와 문화적 개방성의 비교 우위는

1960년대 들어서면서 서서히 빛을 잃고 있었다.

그리고 물론 그와 직결된 것은 아니지만,

그와 함께 인천의 야구도

기나긴 침체기로 빠져들기 시작했다.

기나긴
썰물

내리막길의 시작

　　돌아보면, 전쟁이 끝나는 순간부터 인천은 조금씩 내리막길로 접어들고 있었다. '서울과 곧바로 이어지며, 중국 대륙과 가장 가까운 항구'라는 것이 인천의 핵심적인 정체성이라면, 한국전쟁 이후 중국 대륙과 외교 관계가 단절되며 그 정체성의 절반가량은 잃어버린 셈이 되고 말았기 때문이다. 자유민주주의와 사회주의라는 전 세계적인 이념 갈등의 최전선에서 폭발했던 한국전쟁이 휴전으로 봉합되고, 그 거대한 갈등의 날카로운 절단면을 '휴전선'이라는 이름으로 안고 살게 된 데다, 한발 앞서 국공 내전을 겪은 중국 대륙은 이미 공산당이 장악하게 되었기 때문이다. 이제 태평양을 건너, 혹은 대한해협을 건너 흘러드는 배들은 대개 부산항으로 드나들었고, 인천은 그저 내륙의 물동량이나 소화하는 국내용 항구, 혹은 일단 부산으로 들어왔던 물건들이 나뉘어 향하는 부속 항구의 위상으로 전락하기 시작했다. 부산이 전쟁 중 임시 수도 기능을 하며 대한민국 '제2의 항구'가 아닌 '제2의 도시'로 완전히 탈바꿈한 것과 대조적인 행보였다.

어쨌든, 1950년대에 인천이 누리던 경제적 풍요와 문화적 개방성의 비교 우위는 1960년대 들어서면서 서서히 빛을 잃고 있었다. 그리고 물론 그와 직결된 것은 아니지만, 그와 함께 인천의 야구도 기나긴 침체기로 빠져들기 시작했다.

1962년부터 1965년까지, 인천고와 동산고는 전국 대회에서 단 한 번도 본선에조차 오르지 못했다. 1966년에 동산고가 청룡기 대회에서 우승하며 오랜만에 한 번 갈증을 풀긴 했지만 그 분위기가 그리 오래 이어지지는 못했다. 1967년부터 1970년까지, 인천고와 동산고는 1967년에 창설된 대통령배 대회 8강에 나란히 들어간 것을 제외하면 거의 모든 전국 대회에서 1회전에 조기 탈락하는 수모를 거듭했다. 1967년 청룡기와 황금사자기에서 모두 1회전에 탈락했고, 1969년에는 '홈경기'라고도 할 수 있는 인천일보에서 주최한 4도시 초청 대회에서마저 나란히 1회전 탈락을 하는 등, 대규모 대회와 중소 규모 대회를 가리지 않고 1회전 탈락을 거듭했다. 1970년에도 4도시 초청 대회, 문교부 장관기 대회, 청룡기, 화랑대기, 황금사자기 대회에서 두 학교는 약속이라도 한 듯이 모두 1회전에서 탈락했다.

1971년에 한국일보사가 봉황기 고교 야구 대회를 창설하여 기존의 청룡기, 황금사자기, 대통령배와 함께 '4대 전국 대회' 체제를 정립한 이후 1977년 청룡기 대회에서 동산고가, 황금사자기 대회에서는 인천고가 각각 준우승을 하기까지는 인천의 두 학교가 전국 무대 결승전에 얼굴을 내민 적인 단 한 번도 없을 정도로 길고 깊은 침체기였다.

해방 직후 1940년대에는 경남중학과 동래중학을 중심으로 한 부산이, 그리고 전쟁이 끝난 1950년대에는 인천고와 동산고의 인천이 한국 학생 야구의 중심이었다면 1960년대를 맞아 경동고와 성동고, 성남고, 선린상고, 중앙고 등의 서울세와 부산고, 부산공고, 부산상고, 경남고 등의 부산세를 축으로 대회 때마다 우승 팀이 바뀌는 춘추전국시대가 도래했다. 그리고 다시 1970년대에는 경북고와 대구상고의 대구가 무대의 중심에 자리 잡는 흐름이 이어졌다.

성장 동력 갉아먹기의 업보

물론 인천 야구의 하락세를 지역 경제의 침체만으로 다 설명할 수 있는 것은 아니다. '침체'라고는 해도 같은 시기에 빠르게 성장하던 부산이나 대구에 비교했을 때의 '상대적 부진'이라는 의미일 뿐, 급팽창하던 서울의 부속 도시라는 의미만으로도 인천은 꾸준히 성장하는 대도시였고, 야구 지망생의 발길도 꾸준히 이어지고 있었다. 그래서 오히려, 어느 곳에서나 그렇듯 그 꾸준한 성장을 뒷받침해 줄 수 있는 투자는 제자리걸음을 하거나 줄어드는 반면, 그 표면적인 인기에만 마음이 팔려 피운 호들갑이 그 성장의 동력을 갉아먹고 하락세를 부채질했다는 점을 지적해 볼 필요가 있다.

인천고와 동산고, 두 고등학교 야구부는 인천 시내 네 곳의 중학교

(동산중, 인천중, 동인천중, 성광중)로부터 선수들을 공급받고 있었다. 그 중 동산중은 같은 재단의 동산고로 거의 진학을 시키는 경향이 있었고, 나머지 세 학교의 졸업생들을 인천고와 동산고가 나누어서 데려가는 식이었는데, 1950년대 중반 이후 동산고가 인천고에 비해 약간 더 강세를 보이게 된 것도 동산중이라는 수원지를 독점하고 있었다는 데에서 그 원인의 일단을 찾을 수 있다. 그런데 1960년대 이후 고교 야구의 인기가 상승하자 인천 시내 곳곳의 고등학교들이 별다른 장기 계획이나 신중한 계산 없이 졸속으로 야구부 창설을 검토하기 시작했고, 중학교 야구부의 증설은 없이 여러 학교들이 '선수 나누어 먹기'를 하다 보니 각 학교 전력의 분산과 약화가 불가피했던 것이다.

1960년에는 인천남고가 그해에 중학 야구 대회에서 우승한 동인천중 졸업생들을 전원 흡수해 야구부를 창설했다가 "생각보다 돈이 많이 든다"는 이유로 1년 만에 해체해 버리는 해프닝을 벌이기도 했고, 1962년에는 다시 동인천중과 같은 재단인 동인천고가 역시 동인천중 졸업생들을 모두 진학시켜 야구부를 만들었다가 7년 만인 1968년 말에 해체하기도 했다. 그리고 1964년에는 성광고가 야구부를 창단했다가 흐지부지 해체했고, 1967년에는 그 성광고를 인수해 선인고로 이름을 바꾼 선인재단의 백인엽 이사장이 "국내 대회는 참가하지 않고 국제 대회에만 나가는 명문 팀을 만들겠다"는 해괴한 구상을 내세우며 야구팀을 창단했지만 국내와 국제 무대를 막론하고 세상에 이름 한 번 제대로 알리지도 못한 채 소멸해 버린 적도 있었다.

그 밖에 1946년에 야구부를 창단해 1948년 황금사자기 4강까지 진출하는 기록을 남기는 등 인천고와 동산고를 위협하는 '제3의 세력'으로 존재하다가 1959년에 해체했던 인천공고가 1973년에 야구부를 재창단했다가 단 1년 만인 1974년에 또다시 해체하는 우여곡절을 겪기도 했다.

물론 박현식이 '4번 타자 겸 감독'으로 뛰면서 5경기 연속 홈런을 날린 제일은행과 역시 서동준이 '에이스 투수 겸 조감독'으로 활약한 한일은행, 그리고 다승왕 최관수가 이끄는 기업은행이 금융권 라이벌전을 벌이는가 하면 국가 대표 팀 터줏대감 유격수로 이름을 날린 김진영이 불과 서른네 살이 되던 1969년에 여섯 살이나 많은 박현식을 코치로 거느리고 아시아 선수권 대회 국가 대표 팀 감독을 맡는 것이 당시 한국 성인 야구 무대의 풍경이긴 했다. 실업 야구건 국가 대표 팀이건, 두각을 나타내는 이는 대개 인천 출신들이었기에 사람들은 여전히 '야구는 인천'이라는 착시에 빠져 있었고, 인천 사람들 역시 '구도(球都) 인천'이라는 자존심을 놓지 못하고 있었다.

물론 조금 건너뛰는 이야기가 되겠지만, 1970년대를 마저 가로질러 1982년 프로야구가 출범하고 '삼미 슈퍼스타즈'라는 이름의 인천 대표 팀이 나타났을 때 인천 사람들이 느낀 당혹감의 배경에는 그런 사정들이 있었다. 길고 두터운 착시 효과의 장막을 뚫고 나온 싸늘한 현실을 대하면서, 비로소 인천 사람들은 오래도록 잠복해 왔던 불편한 진실을 마주하게 되고 말았던 것이다.

짠물 마운드,
맹물 방망이

'고독한 에이스' 임호균

　　언제부터인가 인천 야구를 '짠물 야구'라는 별명으
로 부르는 이들이 생겨났다. 아마도 '구도(球都) 인천'이라는 도도한
자존심이 무너진 자리를 그저 '약체 인천'으로 곧장 뒤집어 부르기는
아쉬운 마음에서 누군가가 억지로 짜내서 만든 표현일 터이다. 그리고
특히 프로야구 출범 이후로만 보자면, 인천 연고 팀들의 투수진이 특
별히 뛰어났다고 말하기도 어렵지만 다만 공격력이 워낙 일관되게 떨
어지다 보니 그나마 '점수를 적게 주는' 투수전으로 끌고 가는 경우에
나 간혹 승산이 있었던 데 대한 선택적 기억에서 나온 말일 가능성이
크다. 팀 전력이, 그리고 투수력이나 타력이라는 것이 그렇게 간단히
강해지거나 약해질 수는 없는 것이지만, 인천에도 가끔은 걸출한 투수
들이 하나씩은 등장을 해 왔고 그들이 한 어깨에 팀의 운명을 온전히

걸머지는 경우에는 간혹 놀라온 성과를 얻어 내기도 했기 때문이다. 1970년대 내내 인천의 고교 야구는 침체기였지만 인천에도 좋은 투수들이 하나씩은 나타나곤 했다.

그런 '고독한 에이스'들의 계보 맨 앞머리에서 우선 임호균을 빼놓을 수 없다. 그는 워낙 허약했던 팀 전력 때문에 '4대 전국 대회'에서 이름을 남기지는 못했지만 혼자서도 감당할 만했던, 각 도시에서 개최하던 중소 규모 대회에서는 소소하게나마 팀의 우승 갈증을 풀어 주기도 했던 인물이다. 인천고 3학년이던 1974년 부산 4개 도시 고교 야구 대회 준우승을, 대구에서 열린 6개 도시 고교 야구 대회에서도 준우승을 이끌며 각각 감투상을 받았고, 인천에서 열린 4개 도시 고교 야구 대회에서는 오랜만에 팀을 우승으로 이끌며 우수투수상을 받기도 했다.

임호균은 중학생 시절부터 체구가 크지 않고 공도 그리 빠르지 못하다는 한계에 대해 스스로 깊이 고민한 끝에 제구력을 다듬는 노력을 기울여 온 선수였다. 그래서 홈 플레이트 위에 공 8개를 나란히 올려놓고 마운드에서 공을 던져 한쪽 끝부터 하나씩 차례로 쳐 낼 수 있을 만큼 정교한 제구력을 가지게 되었고, 그것을 무기로 1972년 인천고에 입학하자마자 1학년 때부터 팀의 에이스 역할을 해내기 시작했다. 1974년 한 해 동안 두 차례나 노히트노런을 기록하는 진기록을 세울 수 있었던 것도 그런 제구력 덕분이었다. 하지만 한 점만 내주더라도 승리를 장담할 수 없는 열악한 공격력과 역할을 분담해 줄 만한 제2의 투수가 없는 얇은 선수층 때문에 큰 대회에서는 두각을 보이지 못

본격적으로 세상에 이름을 알리기 시작한 동아대 시절 임호균의 투구 모습(사진 제공: 임호균)

했다.

그래서 임호균이 본격적으로 세상에 이름을 알린 것은 대학과 실업 시절이었다. 1975년 실업 야구 철도청에 입단했다가 1976년 부산의 동아대로 진학한 그는 3학년이던 1978년 김봉연에게 홈런을 맞고 1 대 0으로 질 때까지 연세대의 최동원과 이틀간 18이닝 완투 대결을 벌여 이목을 집중시키기도 했고, 4학년이던 1979년에는 제34회 대학 야구 선수권 대회에서 무려 19년 만의 우승을 이끌며 대회 최우수 선수상을 수상하기도 했다. 또한 1980년에 한전에 입단해서는 2년간 활약하며 실업 야구 다승왕(1980년, 11승 무패)과 평균자책점왕(1981년, 1.56) 등의 타이틀을 휩쓸기도 했다. 국제 무대에서도 활약이 대단했는데, 1977년 니카라과 슈퍼월드컵에서 한국의 사상 첫 세계 대회 우승에 기여하며 국민훈장 백마장을 받았고, 1982년에는 서울에서 열린 최고 권위의 세계 대회인 세계 야구 선수권 대회에서 역시 한국의 대회 사상 첫 우승에 기여하며 방어율상(평균자책점 0.00)을 수상하기도 했다.

균형의 회복?

임호균이 졸업한 뒤 인천고 에이스 자리를 물려받은 인호봉은 1976년 봉황기 고교 야구 대회에서 무려 40이닝 동안 무실점 행진을 벌인 기록으로 화제가 되기도 했다. 1회전에서 유한공고를 연장 13회 끝에 꺾은 뒤 2회전에서는 최동원과 맞대결을 벌이며 경남고를 상대로 1 대 0의 완봉승을 거두고, 3회전과 4회전에서는 동산고와 휘문고를 역시 완봉으로 꺾은 뒤, 4강전에서 선린상고를 맞아 또다시 9회까지 한 점도 내주지 않았지만 타선에서 한 점도 뽑지 못해 맞이한 연장 10회에 솔로 홈런을 허용하며 마무리된 기록 행진이었다.

투타의 극심한 불균형 속에서 에이스 한 명의 어깨에만 매달려 가던 형편이 극복된 것은 그나마 1977년에 이르러서였다. 그해 인천고는 에이스 역할을 한 2학년생 김상기에 1학년인 최계훈이 힘을 보탰고, 타선에서도 펀치력이 좋은 김경남, 최광묵과 역시 그해 1학년이던 당대 최고의 준족 양후승 등이 곁들여지면서 짜임새를 갖추었던 것이다. 그 덕분에 그해 인천고는 비록 우승은 하지 못했지만 황금사자기 대회에서 준우승을 하며 무려 20여 년 만에 전국 무대 결승전에 얼굴을 알렸고, 그해부터 주전으로 뛴 최계훈과 양후승 등이 3학년이 된 1979년에는 대통령배 4강에 오른 데 이어 봉황기와 황금사자기 대회에서는 결승에 올라 준우승을 차지하는 등 인천고의 부흥기를 가져오기도 했다.

임호균과 인호봉, 김상기, 최계훈, 그리고 양승관, 김진우, 김경남, 양후승 등은 모두 1982년에 출범한 인천 연고의 프로야구팀 삼미 슈퍼스타즈의 초창기 멤버로서 영욕의 세월을 함께하게 되기도 한다.

야구
대제전

진정한 고교 야구 명문을 가린다

1979년, 야구협회는 '야구 대제전'이라는 이색적인 대회를 기획했다. 실업 야구와 대학 야구, 고교 야구를 통틀어 한자리에서 최강자를 가린다는 구상이었는데, 말하자면 재학생과 졸업생들을 망라해 구성한 각 고등학교 팀들이 격돌해 우승 팀을 가리는 총출동전이었다. 고교 야구 대회 경기 때마다 "졸업한 아무개만 있었더라도 이렇게 밀리지는 않았을 텐데……" 하며 아쉬워하는 동문과 팬들의 소리에 귀를 기울였던 협회 실무자가 있었던지, 외국에서도 흔치 않은 유형의 대회가 실현된 것이었다.

물론 '그라운드의 동창회'라는 낭만적인 슬로건이 내걸리기도 했듯, 재학생들 간의 경기에 비하면 다소 화기애애한 분위기도 전혀 없는 것은 아니었다. 하지만 그렇다고 요즘 유행하다시피 하는 '레전드 매치'나 'OB전'처럼 오랜만에 얼굴도 보고 시합 끝난 뒤에 술도 한잔 나누며 우애를 다지는 데 의미를 두는 친선경기와 같은, '져도 좋고, 이기면 더 좋고' 하는 분위기는 전혀 아니었다. 예컨대 1980년에 열린 2회 대회 준결승, 중앙고와 군산상고의 경기에서는 2루수 앞 땅볼을 친 중앙고 유대성이 1루에서 세이프 판정을 받자 군산상고의 1루수 김봉연이 1루심을 보던 김옥경에게 항의하다가 흥분해 밀쳐 넘어뜨리는 바람에 퇴장 판정을 받았고, 군산상고 선수단이 이에 불복해 게임을 거부하면서 몰수게임 판정이 내려지기도 했을 정도였다. 그만큼 경기마다 각 학교가 명예를 걸고 최선을 다하는 혈전과 명승부가 펼쳐졌고, '진정한 고교 야구 명문'을 가리는 무대로 인정받았던 것이다.

결론적으로 야구 대제전에서 가장 빛났던 것은 1979년과 1980년 1, 2회 대회를 연달아 석권한 경남고였다. 물론 경남고가 장태영을 필두로 1940년대 중학 야구 시대를 휩쓸며 최초의 패권을 장악했던 명문이고, 1960년대와 1970년대 내내 각종 전국 대회에서 꾸준한 성적을 내 온 강팀임은 분명했지만, 그즈음의 우승 횟수나 배출한 선수의 면면으로는 '최강'을 자부하기에는 부족한 것도 사실이었다. 하지만 그럼에도 불구하고 1, 2회 대회 석권이 가능했던 것은 무엇보다도 그 시점에서 자타가 공인하는 대한민국 최고의 투수였던 최동원이 바로 경남고의 마운드를 지키고 있었다는 점, 그리고 역시 1980년 세계 야구 선수권 대회에서 일본의 하라 다쓰노리를 제치고 대회 '베스트 10'에 선발되면서 '아시아 최고의 3루수'라는 명성을 날리던 김용희를 중심으로 탄탄한 수비진이 꾸려져 있었다는 점 덕분이었다. 말하자면 한 경기라도 지면 탈락하는 단판제 토너먼트로 치러지는 대회였기에 아무리 강한 팀이라도 순간적인 빈틈을 보이면 무너질 수 있는 외길 승부였고, 바로 그런 점에서 공격력보다도 안정적인 수비력이 중요한 승부처가 될 수 있었던 데다 '대회 하나쯤은 혼자서도 책임질 수 있는, 연투가 가능한 최강의 투수' 최동원의 위력이 제대로 발휘될 수 있는 조건이었기 때문이다.

인천고, 오랜만의 승전보

하지만 마지막 대회가 된 1981년의 3회 대회에서 우승한 것은 다름 아닌 인천고였다. 물론 대회 전 전문가와 기자들의 전망으로는 역시 대회 3연패에 도전하는 경남고와 1970년대 야구의 최강자 경북고, 그리고 최강의 공격 라인을 가진 호남 맹주 군산상고 정도가 우승 후보로 꼽혔고, 대구상고와 선린상고 정도를 다크호스로 치는 분위기였다. 인천고는 우승 후보는커녕 다크호스도 못 되었고, 심지어 그 밖의 마산상고, 부산고, 광주일고, 동대문상고 등에도 밀리는 하위권 팀으로 분류되는 처지였을 뿐이다. 하지만 경남고에 최동원이 있다면, 인천고에는 임호균이 있었다.

그해 실업 야구 코리언 시리즈가 10월 31일에야 끝나는 바람에, 3회 야구 대제전은 찬 바람이 쌩쌩 불기 시작한 11월에 들어서야 본격적으로 시작될 수 있었다. 코리언 시리즈에서 맞붙은 육군 경리단과 롯데 자이언츠가 무려 6차전까지 가는 팽팽한 승부를 벌인 데다, 양 팀의 에이스인 김시진과 최동원이 모두 육체적 한계를 넘어서는 혈전을 벌이는 통에 일정도 지연되었고 선수와 팬 모두의 피로도도 극심했기 때문이다.(원래 5전 3승제 승부였지만 3차전에서 양 팀이 연장 11회까지 승부를 가리지 못하고 무승부를 기록함에 따라 6차전까지 치러야 했다.) 특히 그 시리즈에서 롯데의 에이스이자 경남고에서도 에이스 역할을 해야 할 최동원이 6차전까지 6경기에 모두 등판해 무려 44이닝을 던져 2승 1세이브를 감당했기 때문에 야구 대제전에서의 활약을 기대하기는 어려운 상황이 되고 말기도 했다.

어쨌든 인천고는 넉넉하지 못한 전력 그대로 한 경기 한 경기 아슬 아슬한 선을 넘나들며 전진했다. 1회전은 중앙고를 4 대 3, 한 점차로 누르고 통과한 뒤 2회전에서는 1회전에서 동산고를 이기고 올라온 장충고를 만나 7 대 0으로 가볍게 넘어섰지만, 3회전의 준준결승전에서 만난 광주상고에는 8회까지 5 대 4로 끌려가다가 8회 말에 김경남이 2점 홈런을 날려 극적인 6 대 5 역전승을 거두며 기사회생하기도 했다. 그리고 준결승에서 만난 우승 후보 군산상고와의 경기에서는 이틀에 걸친 연장 승부 끝에 13회 말 2사 만루 상황에서 6번 장정기가 군산상고의 투수 유희명으로부터 극적인 밀어내기 볼넷을 얻어 내 6 대 5로 신승을 하며 간신히 고비를 넘었고, 결국 결승전에서 만난 것은 부산고였다.

부산고와의 결승전에서는 의외로 2회와 4회 찬스 때마다 양후승과 조홍운의 2루타가 터져 5회까지 5 대 0으로 넉넉히 앞서 가며 여유를 가지는 듯했다. 하지만 부산고는 6회 초에 4번 타자 김정수가 3점 홈런을 날리며 성큼 추격해 왔고, 8회 초에는 포수 김호근이 3루타를 날리며 주자 두 명을 쓸어 담아 일거에 동점을 만드는 데 성공했다. 동점이긴 했지만 야금야금 점수를 뽑으며 크게 앞서 나가다가 장타 두 개로 동점을 허용한 상황은 절대적으로 인천고에 불리한 것이었다. 흐름을 빼앗기며 쫓기는 입장이 되어 버렸기 때문이다. 하지만 9회 말, 4번 타자 김진우가 볼넷을 얻어 출루한 뒤 6번 김무관이 우전 안타를 때려 1, 3루가 되었을 때 부산고가 인천고 7번 장정기를 고의사구로 걸러 만루 작전을 씀에 따라 1사 만루의 기회를 다시 잡을 수 있었다. 그리고 그 상황에서 인천고 8번 타자 조흥운이 2루 쪽으로 땅볼을 때린 뒤 1루까지 전력 질주해서 병살을 면하는 사이에 3루 주자 김진우가 홈을 밟으며 대회 우승을 확정짓는 끝내기 결승점을 만들어 내는 데 성공했다. 장충고와의 2회전을 제외하면 4경기를 모두 1점차로 승리한, 내내 피를 말리는 극적인 과정이었다.

그 대회의 최우수선수는 대회 내내 마운드를 지킨 인천고 졸업생 임호균이었고, 우수투수상에는 임호균을 뒷받침하며 빈틈을 부지런히 메워 준 인천고 재학생 투수 최계훈이 선정되었다. 그 외에도 김무관이 미기상을, 조흥운이 수훈상을 수상하며 개인상까지 인천고가 석권한 뿌듯한 일전이었다.

1980년대를 여는 시점에서 인천고가 전해 온 승전보는 인천 시민들에게 큰 희망을 품게 하는 굵직한 길조였다. 1960년대와 1970년대 내내 침체기를 걸어왔다고는 해도 '야구 도시'라는 자존심을 아직 놓지 않고 있던 인천 시민들은 때마침 1970년대 후반 들어 비록 전국 대회 우승 달성에는 실패했지만 늘 크고 작은 대회에서 결승에 오르며 '준 우승 전문'이라는 안타까움 못지않게 희망과 대견함의 요소들을 가진 별명을 얻기 시작한 인천고를 보면서 '제자리를 찾고 있다'는 진단을 내리고 있었던 것이다. 그런 낙관적인 전망의 끝에서 접한 야구 대제 전의 우승 소식은 '비록 흩어져서 들고 나긴 했지만, 모아 놓으면 여 전히 인천이 최강'이라는 또 다른 형태의 낙관을 뒷받침해 줄 강력한 논거가 되었고, 그렇게 인천 시민들은 이듬해 개막될 프로야구의 시대 를 기대하며 겨울을 맞고 있었다.

이듬해 프로야구가 출범하면서 야구 대제전은 그 3회 대회를 끝으로 자연스럽게 사라지고 말았다.

꼴찌의 대명사,
삼미 슈퍼스타즈

'청와대의 뜻'으로—프로야구 출범

프리배팅 시간이었다. 배팅볼 투수가 스트라이크를 던지지 못해 아까운 시간만 흘러갔다.

"에잉, 그렇게 컨트롤이 없어서야 어떡하누. 이리 내놔봐."

박(현식) 감독은 스스로 마운드에 올라가 프리배팅 볼을 던져 주었다. 그러나 몇 개 던지다 보니 이번에는 타자 뒤에 쪼그리고 앉은 포수의 플레이가 영 마음에 들지 않았다.

"에잉, 미트질을 그 따위로 하면 어떡해? 이리 줘봐."

이번에는 주섬주섬 포수 도구를 챙겨 입고는 포수 자리에 앉았다. 그러나 몇 개를 받으며 살펴보니 이번에는 타자의 스윙 자세가 도무지 성에 차지 않았다.

"아니, 그런 식으로 휘두르면 어떡하난 말이야. 이리 줘봐."

—이종남, 『인천 야구 이야기』 중에서

  1979년과 1980년 사이에 쿠데타를 통해 집권하고 시민들의 저항을 유혈 진압하며 자리를 잡은 제5공화국 정부는 여러모로 '분위기 쇄신'의 필요성을 강하게 느끼고 있었다. '군사독재'라는 이미지를 희석시켜야 했고, 취약한 정당성에 대한 비판적인 시선도 적당한 곳들로 분산시켜야 했다. 1981년에 일시적으로 통행금지 조치까지 해제해 가며 여의도 광장에서 5일간 천만여 명이 참가하는 초대형 관제 축제인 '국풍81'을 열었던 것도 그런 동기에서 비롯한 것이었다. 그리고 역시 같은 동기에서 여러 종목 스포츠의 프로화 방안 역시 기획되고 있었다.

  1981년 봄 청와대 수석 비서관 회의에서 기획된 프로야구는 그해 연말에는 여섯 개의 구단을 뚝딱 만들어 냈고, 그 구단들이 바로 다음 해 봄에 정규 시즌에 돌입했다. 요즘이라면 최소한 5년은 걸렸을 일이 대여섯 달 만에 마무리되어 버린 무시무시한 속도였다.

  그렇게 짧은 시간 안에 프로야구 출범이 가능했던 것은 무엇보다도 그 무렵 '청와대의 뜻'이라는 서슬 퍼런 으름장을 피해 갈 배짱이 대기업들에게 있을 리 없었기 때문이고, 그다음은 프로야구 출범을 기획한 이용일, 이호헌의 '지역 연고제' 아이디어 덕분이었다. 전국을 6개 권역으로 나누어 각 지역에서 고등학교를 졸업한 선수들은 모두 한 팀에서 수용하도록 하는 구상이었는데, 그럼으로써 선수 수급에 관한 혼선을 최대한 줄일 수 있었고, 팬들의 관심과 응원 역시 자연스럽게 끌어낼 수 있게 되었다. 따라서 프로야구단을 창단하는 기업들은 다른 기업들과 경쟁할 필요 없이, 자신이 맡은 지역 고등학교 졸업생들을 만나 적당한 계약금과 연봉을 제시하며 "우리 팀에 들어올래, 아니면 프로선수가 되기를 포기할래?" 의향을 물어보면 되었던 것이다.

경북고와 대구상고 등 대구·경북 지역 졸업생들을 모아 창단한 삼성 라이온즈, 부산고와 경남고 등 부산·경남 지역 졸업생들을 모아 창단한 롯데 자이언츠, 군산상고와 광주일고 등 광주·호남 지역 졸업생들을 모아 창단한 해태 타이거즈, 그리고 서울 지역 졸업생의 3분의 2로 창단한 MBC 청룡과 서울 지역 졸업생 3분의 1과 대전·충청 지역 졸업생들을 모아 창단한 OB 베어스가 그렇게 무난하게 창단 과정을 밟았다. 각종 고교 야구 대회나 야구 대제전 때 학교별로 뭉쳐서 응원하던 팬들이 지역별 연합을 이루어 함께 응원하기도 했고, 그 지역에 살기는 하지만 딱히 야구부 있는 학교를 졸업하지 못해 시들하던 이들도 '우리 지역 팀'이라는 생각으로 응원전에 가세하기도 했다.

슈퍼스타 없는 삼미 슈퍼스타즈

그런데 문제는 인천이었다. 인천·경기·강원이라는 널찍한 지역이 할당되어 있기는 했지만 경기도와 강원도 지역에서는 사실상 쓸 만한 선수들을 배출하는 고등학교가 없었기에 실질적으로는 인천고와 동산고 졸업생들만으로 팀을 꾸려야 하는 형편이었고, 1960년대와 1970년대 내내 전국 대회 1회전 탈락을 반복하다시피 한 그 두 학교 출신들 중에서도 당장 쓸 만한 선수들은 찾아보기 어려웠

삼미는 유일하게 인간 캐릭터를 앞세운 팀이었지만, 아쉽게도 그는 슈퍼맨은 아니었다.

다. 아무리 '야구 도시'라고는 하지만 유완식, 박현식에서 서동준, 신인식, 최관수로 이어진 '인천 출신 대한민국 에이스'들은 그 무렵에는 이미 선수 유니폼을 벗은 지 오래였고, 그래서 저마다 야구협회 고위 임원이나 실업·대학·고교 팀의 감독을 지내고 있었기 때문이었다. 또한 1970년대 후반 들어 인천고와 동산고가 종종 전국대회 4강권에 얼굴을 내밀며 회복세를 보이고 있었다고는 하지만, 프로야구 창단 한두 해 전에 있었던 일이다 보니 그 주역들이 아직 어리거나 대학에 머물고 있어서 프로 팀 스카우트 대상이 되지 못하고 있었다.

결국, 그런 사정 때문에 어지간한 대기업들이 주춤하며 손을 대지 못하고 있는 사이에, 프로야구를 통해 딱히 홍보할 만한 소비재를 생산하는 입장도 아니면서 단지 총수가 미국 유학 시절 야구에 빠졌었다는 개인적인 동기를 내세우며 프로야구 참가를 선언한 삼미라는 기업이 인천을 맡아 창단 작업에 돌입했다. 팀 이름은 슈퍼스타즈. 때로는 슈퍼맨이, 때로는 원더우먼이 마스코트가 되어 등장했던 삼미 슈퍼스타즈는 '인간 중심주의'를 구현한다는 명목으로 동물이 아닌 인간의 캐릭터를 이름으로 사용한 유일한 팀이기도 했다.

어쨌든 1970년대 내내 전국 무대를 석권했던 경북고와 대구상고 졸업생들을 뽑아 창단한 삼성 라이온즈는 구성원 중 절반 이상이 세계 선수권 대회나 슈퍼월드컵 같은 최고 권위 국제 대회에 국가 대표로 선발된 경험을 가지고 있었고, 조금 범위를 넓혀 실업 대표나 대학 대표 같은 B급 대표 팀까지 포함하면 국가 대표에 뽑혀 본 경험이 없는 이가 전혀 없을 정도였다. 그리고 다른 팀들도 후보 선수들의 이름값에는 약간의 차이가 있었지만 주전 멤버들만큼은 국가 대표 경험이 있는 이들 위주로 짜여 있기는 마찬가지였다.

하지만 인천의 삼미 슈퍼스타즈만은 달랐다. 당대에 인천이 배출한 현역 국가 대표 선수는 임호균과 김진우 딱 두 명뿐이었는데, 그중 임호균은 마침 1982년 서울에서 열릴 세계 야구 선수권 대회 출전을 위해 야구협회에 의해 프로 진출을 유보당하고 있었고, 인하대 재학 중에 군대에 다녀온 김진우는 아직 대학을 졸업하지 못하고 있는 형편이었다. 그래서 그 둘을 제외한 이들 중에서는 가장 화려한 경력을 가진 선수래야 역시 인하대 재학 중에 대학 선발팀에 뽑혀 본 경험이 있는 외야수 양승관, 그리고 일본 원정 고교생 선발팀에 뽑혀 본 투수 인호봉 정도를 꼽을 수 있을 뿐이었다.

말하자면, '국가 대표 경력의 유무'만을 기준으로 가늠해 보자면, 삼성 라이온즈의 후보 선수들보다도 이름값이 떨어지는 것이 삼미 슈퍼스타즈의 주전 선수라고 할 정도의 격차였다.

현실의 벽 앞에 무릎 꿇다

실제로 시즌이 시작되자, 한 판 이기면 여덟 판을 지는 조리돌림을 당하며 딱 객관적 전력만큼만 성적으로 표현하게 된 것은 물론이었다. 가뜩이나 연고지인 인천의 선수층이 얇았던 데다 쓸 만한 선수들을 국가 대표 팀 소집에서 빼내거나 다른 구단에 꼭 필요하지 않은 선수들을 사 올 만한 요령도 없었고, 부족한 선수들이나마 체계적으로 키워 낼 역량도 가지지 못했기 때문이었다. 그 모든 짐을 떠안은 이가 초대 감독인 박현식이었다.

이미 십여 년 전에 야구계를 떠나 은행 지점장으로 일하며 3년도 채 남지 않은 정년을 기다리던 초로의 박현식도 삼미의 감독직이 썩 달갑지는 않았다. 야구장을 떠난 지도 오래되었거니와, 혹시 감독을 한다고 해도 선수 명단에서 익숙한 이름을 거의 찾아볼 수 없는 약체 팀을 맡고 싶은 생각은 없었다. 하지만 삼미그룹 김현철 회장은 "인천 프로야구팀이 감독도 없이 출범할 수는 없지 않으냐"며 매달렸고, 최대 거래처 중 하나인 삼미그룹의 요구를 무시할 수 없었던 은행장 역시 "한번 해 보시라"며 등을 떠밀어 댔다.

그렇게 떠밀리듯 지휘봉을 잡은 삼미 슈퍼스타즈는 박현식의 야구인생에서 최대의 도전이자 최악의 난관이었다. 야구를 시작한 이래 늘 최고였던 그의 자존심은 '객관적 전력의 열세' 따위의 변명을 용납할 수 없었지만, 현실과의 간극은 너무나도 넓었다.

"감독님이 선수 시절에 워낙 슈퍼스타셨잖아요. 투수로서도 최고였고, 타자로서도 최고였고, 또 포수도 하셨다고 하더라고요. 그러니 삼미에서 선수들이 얼마나 성에 안 차셨겠어요. 그래서 식사 때마다 혼잣말하듯 푸념을 했어요. '광이 없어, 광이. 광이 한두 장이라도 있어야지, 어떻게 맨 흑싸리 껍데기만 들고 화투를 치나' 하고."(조흥운, 삼미 슈퍼스타즈 창단 멤버)

감독이 투수 코치로, 타격 코치로, 배터리 코치로, 다시 배팅볼 투수로 좌충우돌하며 버텨 보려 했지만 팀은 이미 막힌 곳보다 뚫린 곳이 더 많은 상태였다. 그리고 막상 시즌이 시작되자 그 구멍들이 적나라하게 드러났고, 야구에 대한 이해가 깊지 못했던 구단주의 인내심 역시 애초의 공언과는 달리 겨우 13경기밖에는 가지 못했다.

3번의 승리와 10번의 패배. 그중에서도 2회까지 8점을 선취하며 크게 앞서 나가다가 12 대 11로 경기를 내주며 그 뒤로 무려 20여 년간 깨지지 않은 최다 점수 차 역전패 기록을 세웠던 4월 25일의 OB 베어스 전이 문제였다. 김현철 삼미그룹 회장은 박현식 감독에게 '총감독'이라는 허울을 씌워 뒷전으로 밀어냈고, 아무 대안도 없이 비워 버린 감독 자리는 이선덕 코치에게 '대행'시키는 수밖에 없었다. 달라지는 것 하나 없이 감독만 잘라 낸 뒤의 성적은, 당연하게도, 더욱 가파른 추락일 뿐이었다.

박현식 감독은 그렇게 역대 최단 경기 퇴진이라는 기록의 주인공이 되고 말았다. 기록이 제대로 자리를 잡지 못했던 시절, 20여 년간 선수 생활을 하며 몇 개를 때려냈는지 정확히 알 수는 없지만(공식으로 확인되는 것만 112개로 알려져 있다) 그중에서 스스로 보관하고 있는 홈런공만 80여 개일 정도였던 전설적인 홈런왕. 그래서 한때 "박현식을 능가하는 홈런왕이 될 것"이라는 말이 야구 선수들에게 가장 큰 덕담이었다는 사실을 모르는 젊은 세대의 기억 속에 그의 이름은, 끔찍하게 부실했던 야구팀의 불쌍한 감독 정도로나 남게 되어 버렸다.

한국의
베이브 루스,
박현식

아시아의 철인(鐵人)

아마추어 시대와 프로 시대를 가로지르며 '인천 야구의 대부'라고 불릴 만한 이름이 둘 있다. 바로 박현식과 김진영이다. 물론 '대부'라는 표현 자체가 무슨 타이틀이나 자격증 같은 객관적 조건에 의해 붙여진다기보다는 그 사람의 존재감을 부각시키기 위해 붙이는 수사(修辭)인지라, 누가 대부의 자격이 있고 없고를 엄밀히 따질 수는 없는 일이다. 하지만 박현덕과 김선웅과 유완식 세 사람을 '인천 야구의 선구자'라고 부르는 것이 어울린다면, 박현식과 김진영은 그야말로 인천 야구의 대부라는 표현에 좀 더 어울린다고 할 수 있다.

둘 가운데 여섯 살 위인 박현식은 어린 시절에 이북(평안남도 진남포) 출신 부모님의 손에 이끌려 인천으로 흘러든 '따라지'였다. 훗날 선수 시절에 홈런을 쳐서 이기면 혼자서 불고기 18인분을 구워 먹으며 자축했을 만큼 엄청난 체격과 체력이 자연스럽게 그를 운동의 길로 이끌었고, 쌀 천오백 석 값을 계약금으로 받고 일본 프로야구 한신 타이거즈의 창단 멤버로 입단해 한국인 최초의 프로야구 선수가 되었던 큰형 박현명과, 평양고보와 연희전문을 다니며 역시 이름을 날린 야구 선수였던 작은형 박현덕의 영향은 그를 야구 선수로 성장하게 했다.

특히 작은형 박현덕이 동산고의 상업 교사로 부임해 야구부를 창설하자 그 지도를 받으며 팀의 에이스로 활약해 팀을 일약 전국 무대 정상권으로 이끌게 되는데, 박현식이 광주의 김양중, 경남의 장태영과 벌였던 라이벌전은 한국 고교 야구사의 첫 번째 트로이카 시대로 기록된다.

그는 고교 시절에 투수로서는 늘 2, 3인자였지만 고교 졸업 후에는 타자로 전향하여 1인자로 이름을 날리게 된다. 그는 야구라는 경기의 복잡한 룰을 배워 가던 한국의 야구팬들에게 홈런이라는 장관을 구경시켜 주던 몇 안 되는 타자였고, 해방 전에 활약했던 이영민으로부터 '한국의 베이브 루스'라는 별명을 물려받은 2세대 홈런왕이었다.

전쟁이 터지자 군에 소집된 그는 야구 실력 덕분에 한국군과 미군을 오가기도 했고, 병사로 시작해 부사관을 거쳐 일약 장교로 진급하는 행운을 얻기도 했다. 육군 병장 시절 휴가를 받아 부산역 근처를 지나다가 야구 경기를 하는 미군들을 보고 "한 번만 끼워 달라"고 졸라서는 연속 홈런을 날리고 강속구를 뿌려 대 영입 제안을 받았던 것이다. 미 8군 안에서 부대 대항 야구 대회가 열리곤 했는데, 박현식 정도의 실력자라면 자기 부대의 성적을 훌쩍 끌어올릴 수 있으리라고 생각했던 어느 지휘관이 한국군에서 미군으로 '이적'을 시켜 주겠노라는 제안을 했던 것이다. 그래서 육군 병장 박현식은 일약 미군 중사가 되었고, 곧장 미군 제443 병참대대의 우승을 이끌어 내기도 했다. 그리고 전쟁이 끝난 1955년에는 야구팀을 창단한 한국 육군 팀에 다시 역으로 스카우트되었고, 이번에는 육군 중위로 진급한 다음 고교 시절 라이벌이던 장태영과 김양중까지 끌어들여 당대 대한민국 최강의 야구팀을 만들기도 했다.

어쨌든, 그렇게 어디서든 눈에 띄었던 대단한 실력 덕분에 그는 육군 시절부터 10년 이상 국가 대표 팀의 중심 타순에 개근을 했다. 그는 1954년에 창설된 아시아 야구 선수권 대회에 국가 대표 4번 타자로 출전한 이래 11년간이나 그 자리를 비우지 않았고, 그래서 1965년 필리핀 마닐라에서 열린 제6회 대회 때에는 특별상으로 제정된 '철인상'을 수상함으로써 '아시아의 철인'이라는 또 하나의 영광스러운 별명을 얻기도 했다.

오늘날 '비 오는 날에도 경기할 수 있는 돔구장 건설'이 야구계의 숙원 중 하나가 되었다면, 박현식이 활약하던 반세기 전에는 '밤에도 경기할 수 있는 조명 시설'이 그런 의미를 가지고 있었다. 그리고 한국 최초의 야구장 조명 시설이 만들어지는 데 바로 박현식의 홈런이 결정적인 역할을 했다는 점도 기억할 만하다.

1963년 9월, 제5회 아시아 야구 선수권 대회가 서울에서 열렸다. 그때까지 한국의 기록은 두 번의 준우승과 두 번의 3위. 일본과 중국(대만), 필리핀까지 네 나라가 벌이는 대회였음을 감안하면 만년 하위권이었으며, 특히 일본에는 단 한 번도 이겨 본 적이 없는 약체였다. 그래서 처음으로 국내에서 치러지는 그 대회에서 첫 우승, 첫 극일(克日)의 소망을 달성하기 위해 이미 대회 한 달 전부터 합숙 훈련에 돌입한 선수들의 각오는 남달랐다.

그리고 역시 맹렬한 준비와 홈경기의 이점은 경기력으로 이어졌다. 한국 팀은 중국과 필리핀을 연파하며 양강으로 올라섰고, 2차 리그에서 펼쳐지는 일본과의 두 경기를 통해 우승과 준우승을 판가름하게 되어 있었다. 9월 25일, 2만 5천 명의 기록적인 관중 앞에서 펼쳐진 1차 한일전에서 한국 팀은 1회 말 동점 홈런을 날린 데 이어 7회 말 역전 밀어내기 볼넷을 얻어 낸 박현식의 수훈으로 승리했다. 해방 후 18년 만에 일본에 거둔 첫 승리였다. 그리고 나흘 뒤 열린 2차전에서도 박현식은 1회 초 보내기번트로 선취점에 다리를 놓는가 하면, 8회 초에도 볼넷을 골라 나간 뒤 후속 타자 김응룡의 홈런으로 홈을 밟아 결승점을 올리며 승리의 디딤돌이 되었다. 사상 첫 '극일(克日)'과 '첫 아시아 제패'라는 두 가지 목표까지 단숨에 달성해 버린 쾌거였다.

대회 직후, 박정희 최고회의 의장이 선수단을 초청한 자리에서 우승 기념으로 정부가 무엇을 해 주면 좋겠느냐고 물었을 때 김수환 단장이 답한 것이 바로 '조명탑 설치'였다. 그래서 3년 뒤인 1966년 9월 서울운동장에 처음으로 조명탑이 설치되었고, 한일은행과 제일은행이 퇴근한 직원들을 관중으로 모신 채 역사적인 첫 야간경기를 가질 수 있었다.

영웅의 퇴장

제일은행의 '선수 겸 감독'에서 '전업 감독'으로 전환했을 때 박현식의 나이는 서른여덟이었다. 선수 몸을 챙겨 주는 사람도, 기술도 없던 그 시절에 그 나이까지 선수 생활을 이어 갔다는 것은 그만큼 몸 관리를 철저히 했다는 말이기도 했지만, 무엇보다도 그가 야구에 대해 남다른 열정을 가졌다는 증거이기도 했다. 프로 무대가 없던 당시에는, 적절한 시기에 사무직으로 옮겨 앉아 먹고살 길을 찾는 것이 당연하게 여겨졌다. 그러나 그는 서른일곱 살까지 그라운드를 누볐고, 또한 서른여섯에 출전해 '아시아의 철인'이라는 별명을 얻었던 제6회 아시아 선수권 대회에서도 3할대 중반의 타율을 기록했을 만큼 꿋꿋이 정상권의 실력을 유지했다. 그런 그를 바라보며 자란 김응룡과 백인천이 그와 함께 대표 팀 유니폼을 입고 성장했고, 그들의 힘이 모이며 한국 야구는 아시아 야구의 중심으로 올라서기 시작했다.

어쨌든, 그렇게 누구보다도 '길고 굵은' 선수 생활을 마친 그는 제일은행 야구팀의 감독으로서 상업은행의 김양중, 기업은행의 장태영과 또다시 3파전을 벌이며 명지도자로 이름을 날렸고, 은행 지점장으로 일하다가 돌아와 삼미 슈퍼스타즈의 창단 감독을 지낸 뒤로도 한국야구위원회 심판위원장과 기록위원장, 그리고 LG 트윈스 2군 감독으로 야구 인생을 이어 갔다.

그는 지난 2005년 8월 20일 평생의 꿈과 한과 추억과 미련이 배어 있는 야구 유니폼을 갖추어 입은 채 누웠고, 길고 길었던 투병 생활을 뒤로한 채 편안히 눈을 감았다. 그리고 사흘 뒤, 그의 몸을 실은 운구차는 곳곳마다 그의 땀과 눈물과 환희의 기억들이 깃들어 있는 동대문 운동장(옛 서울운동장)을 돌아 영천의 참전 용사 묘역으로 향했다.

한국의
타이 콥,
김진영

인천이 낳은 또 하나의 별

박현식이 동산고가 배출한 영웅이었다면, 김진영은 인천고가 배출한 스타였다. 그리고 박현식이 원래 투수로 시작해 야수로 전향한 뒤 홈런 타자로 이름을 날렸다면, 김진영은 처음부터 유격수로 이름을 얻은, 그리고 홈런보다는 정교한 타격과 빠른 발, 그리고 무엇보다도 불같은 투지로 승부하는 차돌 같은 선수였다.

"내가 공부를 곧잘 하는 편이었는데, 언젠가 정말 형편없는 성적이 나왔어. 아무래도 야구하고 공부를 같이 하는 게 한계가 온 거지. 그러니까 아버지가 나를 불러 앉혀 놓고 물으시더라고. '야구냐, 공부냐.' 그래서 내가 '야구 하겠습니다' 했더니, '알았다' 하시고는 다음 날 바로 집 앞에 배팅케이지를 만들어 주셨어. 철골 세우고 그물 치

고 해서. 그때 고등학생으로 개인 타격 연습장을 가진 건 대한민국
에서 나뿐이었을 거야. …… 그때 집이 아파트였는데, 한밤중에 조
명을 켜고 '딱', '딱' 하고 방망이를 치고 있으면 시끄러우니까 여기
저기서 좀 짜증스럽게 내다볼 거 아냐? 그럴 때마다 아버지가 '안녕
하세요, 김진영입니다. 제 아들놈인데, 야구 선수 만드는 중입니다'
하면, 다들 '아 예, 꼭 훌륭한 선수 만들어 주세요' 하고 들어가더라
고. 어떤 사람은 구경을 하기도 하고. 그때는 정말 신이 나고 재미가
있어서 밤새도록 방망이를 휘둘렀어. '딱', '딱', '딱', …… 동이 훤
하게 틀 때까지 말이야."

그날의 아들이 뒷날 국가 대표 4번 타자를 거쳐 돌핀스와 유니콘스
의 중심 타자로 활약해 '미스터 인천'으로 불리게 되는 김경기(현 SK
와이번스 코치)였고, 아버지는 오늘날까지 '인천 야구의 대부'로 불리는
김진영(당시 삼미 슈퍼스타즈 감독)이었다. 한 명의 야구인에게 그만큼이
나 사랑을 보내 준 도시도 흔치 않았고, 한 도시에서 그만큼의 믿음을
얻어 온 야구인도 흔치 않았다.

1982년에 정신적인 고문을 받다시피 한 인천의 야구팬들을 치유해
준 것이 바로 1983년 그 삼미호의 지휘봉을 이어받아 곧장 우승 후보
로 올려 세운 김진영 감독이었다. 그는 승률 1할대의 꼴찌 팀이 불과
한 해 만에 승률 6할대로 선두를 질주하는 팀으로 탈바꿈할 수 있다
는, 상식을 뒤집는 일을 벌였고, 비로소 인천 사람들은 야구장의 승부
에 일체감을 느끼기 시작했다.

김진영은 고교생 신분으로 국가 대표에 선발되었던 명투수 서동준이나 3루수 김영복(삼성 라이온즈 김한수 코치의 아버지) 등과 함께 한국전쟁 직후 전국 무대를 석권하던 전성기 인천고의 주축이었다. 그리고 졸업 후에는 다시 인천고 시절의 동료들과 함께 사회인 야구 인천군을 이끌며 '구도 인천'이라는 이미지를 만들어 내기도 했고, 육군과 교통부 등 거쳐 갔던 팀들을 모두 최강팀의 반열에 올려놓으며 1950~1960년대 야구 판을 휩쓸었다. 국내 최고의 유격수라는 찬사를 받고, 각종 대회에서 타격상과 미기상을 쓸어 모은 것도 물론이었다.

명지도자, 구원 등판하다

그러나 사람들의 기억 속에 그의 이름을 더욱 강렬하게 새긴 것은 지도자 시절이었다. 불과 서른두 살의 나이에 지휘봉을 잡은 해병대를 1년 만에 전국 선수권 우승으로 이끌며 감독상을 받기도 했고, 그 기세를 몰아 서른넷에 불과했던 1969년에는 여섯 살이나 많은 선배 박현식을 코치로 거느리고 국가 대표 팀의 감독으로서 아시아 선수권 대회 원정을 주도하기도 했다. 당시 국가 대표 팀의 멤버들이 김응룡, 박영길, 강병철 등 뒷날 한국 프로야구의 1세대 감독으로 활약하게 되는 이들이었다.

그는 개성이 뚜렷한 지도자였다. 기동력을 앞세워 '한 베이스 더 진루하는' 야구를 펼쳤고, 그래서 홈런이나 많은 안타, 점수가 없어도 승리를 쟁취하는 조직적인 야구를 구사했다. 물론 그것은 스타플레이어

1969년 아시아 선수권 대회 국가 대표 팀 감독을 맡은 김진영. 바로 뒤에 코치를 맡은 박현식
이 보인다.(사진:『인천 야구 한 세기』)

의 특출한 능력에 기대는 대신 각자가 가진 능력을 최대한 끌어냄으로써 움직이는 야구였고, '가장 해병대다운 감독'으로 꼽힐 만큼 강하게 몰아치는 훈련을 통해 가능했던 방식이었다.

항상 선수들의 능력 이상의 성과를 만들어 내는 감독. 그리고 어떤 경우에든 나태하고 산만한 플레이를 용납하지 않는 단호한 스타일. 그런 그에게 지도를 맡기고 싶어 하는 팀들이 줄을 이었고, 그는 대학 무대로 자리를 옮긴 뒤에도 중앙대와 경희대, 인하대를 맡아 다시 여러 차례 우승의 신화를 만들었다. 그는 그렇게 지도자로서 명성을 쌓아 갔고, 그 절정기에서 프로야구의 출범을 맞이하게 된다.

그가 인천 팀의 감독을 맡는 것은 인천 야구를 지켜보아 온 이들에게 당연한 일로 받아들여지고 있었다. 무엇보다도 선수로서나 지도자로서나 '인천'과 '야구'를 연결할 때 가장 먼저 떠올릴 만한 업적을 쌓아 온 것이 그였고, 견주어 볼 만한 유일한 인물이던 박현식이 당시에는 야구계를 떠나 은행 지점장으로서 자리를 잡고 있었기 때문이었다.

그러나 김진영은 뜻밖에도 인천 팀의 창단 감독이라는 영예를 거부했고, 이미 야구 현장을 떠나 은퇴 날짜를 기다리던 박현식이 "감독 없이 창단할 수는 없는 노릇이 아니냐"는 삼미그룹의 통사정 앞에서 난감한 복귀를 결단해야만 했다. '인천 야구팀을 창설하면서, 처음부터 나와 의논하지 않는다는 것은 나를 무시하는 일'이라는 김진영의 도도한 자존심에서 비롯한 일이었다.

어쨌든, 그랬던 김진영 감독도 처참하게 무너져 가는 인천 팀 삼미 슈퍼스타즈를 그냥 두고 볼 수만은 없었고, 삼미그룹 김현철 회장이

"파격적인 지원과 전력 보강"을 약속해 가며 삼고초려하는 것을 물리칠 수도 없었다. 결국 1982년 겨울 삼미의 감독직 제의를 수락했고, 강한 팀으로 탈바꿈시키기 위한 작업을 진행하기 시작했다.

대반격,
1983

삼미 슈퍼스타즈의 환골탈태

"사실 프로로 갈 건지 고민이 많았어. 국제 대회에서 공을 세웠다
고 훈장도 받고 해서 그때 한전에서 직급도 높았고, 괜찮았거든. 나
이 스물일곱에 은행 지점장급 정도 됐으니까, 높기도 했고 안정적인
직장이고. 또 그때는 한 서른 넘으면 선수 생활 접던 때니까 주저하
고 있었는데 김진영, 박현식, 이런 대선배님들이 오셔서 '아, 인천에
서 던질 놈이 누가 있다고 니가 그러고 있어. 당장 가서 사인해' 하고
호령을 하시는 바람에 당장 인천으로 내려갔지."(임호균)

끔찍한 첫 시즌을 보낸 뒤, 삼미에도 첫해에는 한 명도 보유하지 못
했던 국가 대표를 보강할 기회가 찾아왔다. 세계 야구 선수권 대회 출
전을 위해 실업 팀 한전에 머물고 있던 임호균에 대한 프로 진출 제한

조치가 풀렸고, 인하대에 다니던 김진우가 졸업을 했던 것이다. 더구나 임호균은 국가 대표 팀에서도 선발이든 구원이든 가리지 않고 전천후로 활약하며 '평균 자책점 0'을 기록한 핵심 선수였고, 김진우도 190센티미터 가까이 되는 당당한 거구에 맞기만 하면 넘어가는 펀치력, 그리고 준수한 블로킹 능력과 강한 어깨를 가진 공수 겸비의 포수였다. 그 두 선수를 보강하면 삼미 슈퍼스타즈도 그나마 '정상적인' 야구를 할 수 있을 거라는 안팎의 기대를 배신할 수는 없었다.

하지만 그 두 사람은 그해 전력 보강 작업의 시작에 불과했다. 새로이 삼미 슈퍼스타즈의 감독으로 선임된 김진영은 '안 되면 되게 해 온' 성격대로 물불 가리지 않고 선수들을 끌어들였다. 삼미로 건너오기 전까지 감독으로 재직하던 인하대의 졸업생이던 서울 출신 이선웅과 대전 출신 이광길을 불러들였고, 육군 경리단에서 제대한 대전 출신의 국가 대표 2루수 정구선과 연세대를 졸업한 대구 출신 김대진, 고려대를 졸업한 서울 출신 최홍석 등을 끌어왔다. 삼성에서 뛰던 국가 대표 출신 외야수 정구왕은 현금 트레이드로 데려오기도 했다.(그와 더불어 해태에서 뛰던 외야수 김우근은 시즌 중에 현금 트레이드로 데려왔다.) 모두 인천 출신들이 아니었고 그래서 삼미의 스카우트 대상이 아니었지만, 연고권을 가진 OB 베어스의 김영덕 감독, 삼성 라이온즈의 서영무 감독 등을 만나 담판을 짓고 데려왔던 것이다. 꼴찌 팀 삼미의 전력을 끌어올려야 야구계 전체가 산다는 명분, 그리고 야구계에서 오랫동안 핵심적인 역할을 하며 쌓아 온 영향력을 십분 활용한 덕분이었다.

거침없는 선두 질주

그렇게 삼미는 투수 임호균과 포수 김진우, 그리고 2루수 정구선, 3루수 이선웅까지 내야의 핵심 포지션들을 모두 국가 대표 출신으로 채우는 환골탈태에 성공하게 된다. 하지만 그것도 전부는 아니었다. 그 모든 변화보다 더 결정적인 방점이 찍히게 되는데, 바로 일본 프로야구에서 두 번(1978년과 1980년)이나 15승을 기록한 적이 있는 대투수 장명부, 그리고 비록 1군 무대에서의 기록은 3타수 1안타에 불과했지만 역시 일본 프로야구에서 10년 동안 수련했던 유격수 이영구를 영입한 것이다.

첫해 프로야구가 노출한 가장 큰 문제점인 '전력의 심각한 불균형'을 해소하기 위해 일본 프로야구에서 활약하고 있던 재일 동포 선수들에게 문호가 개방되었고, 2할도 못되는 승률을 올린 삼미 슈퍼스타즈와 15명으로 창단했을 만큼 선수가 양적으로 부족했던 해태 타이거즈가 그 첫 수혜자가 되었던 것이다. 그래서 그해에 해태는 투수 주동식과 포수 김무종을 영입하고 삼미는 장명부와 이영구를 스카우트한 것인데, 특히 공무원 연봉이 500만 원 안팎이던 시절에 계약금으로만 1억 원이라는 거액을 안긴 장명부가 여러모로 화제의 대상이 된 것은 당연한 일이었다.

어쨌든, 그렇게 모아들인 구슬들을, 김진영 감독은 해병대 감독 시절의 경험을 살려 입에서 단내가 나는 겨울 훈련을 통해 갈고 닦았고, 꿰었다. 그리고 시즌이 시작되자 삼미는 그 전해 꼴찌의 모습만을 기억

삼미 슈퍼스타즈와 입단 계약을 맺은 장명부가 웃으며 기자회견을 하고 있다. (사진: 연합뉴스)

하고 있던 이들을 충격으로 몰아넣기 시작했다. 1억 원이라는, 상상을 초월하는 몸값을 받고 들어온 장명부는 '박철순 같은 20승 투수가 될 수 있을까' 하는 호기심으로 지켜보던 이들의 작은 배포를 비웃기라도 하듯 30승을 달성해 버렸고, 임호균도 12승을 올리며 6개 구단 최강의 원투펀치를 이루었다. 김진우는 15개의 홈런을 날리며 이만수에 버금 가는 공격형 포수의 모습을 과시했으며, 베일에 가려 있던 이영구 역 시 공수 양면에서 활약하며 김재박과 최고 유격수 경쟁을 벌였다. 2루 수 정구선은 그해 골든글러브를 수상할 만큼 '최고'였고, 외야에서는 원년 멤버의 자존심 양승관이 팀 내 유일한 3할 타율을 기록하며 역시 신언호(MBC), 장태수(삼성)와 최고 외야수 각축전을 벌였다.

어쨌든, 한 해 전만 해도 승률 1할대로 죽을 쑤며 "한국 프로야구의 흥행을 위협하는 최대의 고민거리"로 구박을 받았던 삼미 슈퍼스타즈 는 180도의 반전을 이루어 내며 연전연승했다. 시즌 초반부터 선두를 질주했고, 6월 초까지도 2위 해태 타이거즈를 여유 있게 앞서 가며 전 기 리그 우승 초읽기에 들어가려 하고 있었다.

하지만 6월 초에 돌출한 두 개의 사건이 우승을 향해 가던 삼미의 발 목을 잡았고, 길게 보자면 인천 야구의 발목을 잡은 역사적인 수렁이 되고 말았다. 🖉

도원야구장 (숭의야구장)

인천광역시 중구 숭의동과 도원동의 경계 지점에 있던 야구장이다. 축구와 육상 경기가 열리는 주 경기장이 숭의동에 포함되어 있어 일대의 체육 시설을 통칭해서 '숭의종합운동장'이라고 불렸기 때문에 야구장도 '숭의야구장'이라고 부르기도 했지만, 야구장만 따로 떼어서 보면 도원동에 포함되어 있었고 그곳으로 가는 가장 가까운 전철역의 명칭도 '도원역'이었기 때문에 '도원야구장'이라고 부르는 이들이 더 많았다.

1934년에 처음 개장한 뒤 1964년에 대대적인 개·보수를 거쳤고, 1982년에는 서울에서 열린 세계 야구 선수권 대회의 보조 경기장으로 활용되기도 했다. 관중석은 외야석 대부분이 콘크리트 계단식으로 이루어지는 등 열악한 방식이었음에도 1만 2,000석에 불과했고 그라운드도 가운데 펜스까지 110미터, 좌우측 담장까지는 91미터에 불과한 아담한 크기였다. 특히 1996년에 도원야구장의 새 주인이 된 현대 유니콘스가 대대적인 시설 개량 공사

를 하는 과정에서 인조 잔디를 깔기까지는 내야와 외야 모두 잔디가 거의 없는 흙바닥으로 이루어져 있었으며, 펜스 역시 콘크리트가 그대로 노출되어 있어 외야수들에게 공포의 대상이 되곤 했다. 좁은 그라운드 면적을 벌충하기 위해 펜스 위로 5미터 안팎의 철조망을 세우기도 했는데, 그 때문에 홈런성 타구가 나오면 외야수들이 철조망을 타고 기어오르며 포구를 시도하는 진풍경도 종종 볼 수 있었다.

2002년에 문학야구장이 개장해서 프로 구단인 SK 와이번스가 그곳으로 홈구장을 이전한 뒤로는 미추홀기 고교 야구 대회를 비롯한 아마추어 경기가 주로 열렸고, 2006년에 용현동에 있던 SK 와이번스의 2군 연습 구장이 철거되자 그곳을 대신해 2군 경기장으로 활용되기도 했다. 하지만 인천광역시의 도시재생사업 계획에 포함되어 2008년 9월에 철거되었고, 지금은 축구 전용 경기장인 '숭의아레나'로 변신해 있다.(2002년 6월 5일부터 9일까지는 월드컵 때문에 SK의 홈경기가 도원야구장에서 열렸는데 6월 9일 현대전이 마지막 홈경기였다.)

운명의
6월

비극의 '2단 옆차기'

첫 번째 '사건'이 터진 것은 6월 1일이었다. 그날, 3위를 달리던 MBC는 유종겸을, 선두 팀 삼미는 임호균을 선발로 내세워 정면 대결하고 있었다. 내내 여유 있게 앞선 채 1위로 질주하다가 장명부의 페이스가 떨어지면서 2위 해태에 1.5경기 차로 쫓기기 시작하던 그 무렵, MBC 청룡과의 2연전 중 한 게임을 이미 내준 상태에서 다시 8회까지 한 점차로 밀리자 삼미의 감독과 선수들은 모두 조바심을 내고 있었다. 그리고 1 대 0으로 끌려가던 그 경기의 8회 초에 드디어 2사 만루의 찬스에서 최홍석이 깨끗한 좌전 적시타를 터뜨렸고, 두 명의 주자가 홈을 밟자 삼미 측 더그아웃은 역전 성공을 자축하며 환호하고 있었다.

그런데 다음 순간, 반전이 일어났다. 3루심의 아웃 판정이 내려지고,

전광판의 삼미 점수란에는 2가 아닌 1이라는 숫자만이 새겨진 채 이닝 종료가 선언되고 말았던 것이다. 1루 주자 김진우가 3루에서 아웃 판정을 받으며 이닝이 종료되었는데, 문제는 3루에서 김진우가 아웃되던 시점이 2루 주자 이선웅이 홈을 밟은 것보다 빨랐다는 판정에 따라 역전에 필요한 2점째가 인정되지 않았다는 것이었다.

물론 정확히 어느 쪽이 먼저 이루어졌는지 확인할 길은 없다. 두 곳에서 이루어진 사건을 비교하며 지켜본 이도, 카메라를 포함해 아무도 없었다. 그런 경우라면 심판의 판정을 따를 수밖에 없다. 그러나 감독으로서 어필을 해야 하는 것도 당연한 상황이기는 했다. 다만 어필이 조금 길어졌고, 백스톱 뒤에서 심판위원장이 "빨리 진행하라"고 재촉하는 소리에 김진영 감독이 순간적으로 지나치게 흥분했고, 물론 사이에 그물망이 가로놓인 것을 모르지 않은 일정한 '오버액션'이긴 했지만 그 심판위원장을 향해 김진영 감독이 '2단 옆차기'를 날렸고, 그것이 고스란히 TV로 생중계되었으며, 유난히 '사회정의 확립'에 관심이 많았던 전두환 전 대통령이 친히 그 장면을 지켜보고 있었다는 것이 비극이었다.

그 순간 '각하'께서 실제로 어떤 지시를 내렸는지는 확인할 수 없는 일이다. 그저 점잖게 '저러면 안 될 텐데'라고 혼잣말을 했다는 설부터 '당장 처넣고 콩밥을 먹이라'고 격분했다는 설까지 분분하다. 어차피 그 두 가지 '설' 모두 '각하'의 곁에서 그 분부를 받은 이가 전한 증언들은 아닐 것이다. 하지만 어쨌든 그다음 날 김진영 감독은 잡혀 들어갔고, 11일간 구치소에서 콩밥을 먹었으며, 약식 기소로 100만 원

심판 판정에 격렬하게 항의하는 김진영 감독(사진: 연합뉴스)

의 벌금을 물고 풀려난 뒤에도 시즌이 끝날 때까지 현장에 복귀하지 않고 자숙하기로 약속을 해야 했다. 그래서 더그아웃에 들어갈 수 없었던 김진영 감독이 구장 복도로 장명부를 불러내 귓속말로 작전을 지시하던 구차한 풍경이 또한 그해 여름의 것이었다.

귀신 놀음 같은 악몽의 3연전

또 하나의 사건이 일어난 것은 그로부터 꼭 1주일 뒤의 6월 7일, 8일, 그리고 9일이었다. 그 사흘 동안 삼미 슈퍼스타즈와 해태 타이거즈의 전기 리그 마지막 3연전이 열렸다. 그때까지의 성적은 삼미가 24승 14패, 해태는 20승 1무 15패. 30승으로 예상되는 전기 리그 우승을 위해 2.5경기 차로 앞서고 있던 삼미는 남은 경기에서 6승 6패면 족했고, 해태는 10승 4패를 해야 했다. 삼미 입장에서는 원정이었지만, 맞대결에서 최소한 1승만 건져도 그리 밑질 것은 없는 상황이었다. 그러나 제2 선발 김용남이 어깨 부상으로 이탈하며 선발진이 무너진 해태로서는 오히려 에이스 이상윤을 앞세울 수 있는 경기에서 1승이라도 건질 수 있을지가 걱정인 상황이었다.

1차전에 양 팀 선발로 나선 것은 당연하게도 장명부와 이상윤. 그때 장명부는 15승, 이상윤은 9승을 각각 기록하며 다승 1·2위를 달리고 있었고, 에이스 간 맞대결답게 7회까지는 1 대 1로 맞선 팽팽한 투수전이었다. 그러나 7회 말 선두 타자 김종모에게 무심코 던진 장명부의 밋밋한 직구가 120미터짜리 홈런으로 되돌아 날면서 갑자기 모든 것이 연쇄적으로 무너져 내리기 시작했다. 장명부는 곧바로 김일권과 김준환, 김성한에게 연속 안타를 맞으며 순식간에 석 점을 빼앗겼고, 같은 재일 교포 김무종의 몸을 표적 삼아 마지막 공을 던져 화풀이를 하고는 스스로 마운드에서 내려와 더그아웃에 글러브를 내던졌다. 10대 1의 대패.

하지만 해태 쪽도 고민은 있었다. 당장 2차전에 내보낼 선발 투수 자체가 없는 상황이었기 때문이다. 삼미의 2차전 선발이 당연하게도 임호균으로 이어진 가운데, 고민 끝에 해태 김응룡 감독이 내민 카드는 김성한이었다. 한 해 전 타점왕 타이틀을 따내며 타자로서 맹활약하는 가운데서도 선발 로테이션을 돌며 팀 내 유일한 10승 투수가 되기도 했던 '팔방미인' 김성한이라지만, 그거야 경기 수도 적고 선수도 부족하던 첫해에 생긴 일일 뿐이었다. 그리고 그해 들어서는 타격에만 전념하고 있던 터라 투수 훈련을 중단한 지도 오래된 상태였다. 더구나 국가 대표 팀에서도 세 손가락 안에 들던 임호균과 비교한다는 것은 가당치도 않은 일이었다. 하지만 길고 짧은 것은 매사 대봐야 아는 일이고, 또 짧다고 해서 꼭 긴 것에 밀리라는 법도 없는 것이다. 3회까지 무안타로 완벽하게 막아 내던 임호균이 4회 들어 무사 만루를 허용하더니 김종모와 김무종에게 적시타를 맞으며 순식간에 다섯 점을 헌납해 버리며 무너진 반면, 김성한은 단 한 점도 내주지 않고 9회까지 틀어막아 그해의 유일한 1승을 완봉승으로 장식하고 말았던 것이다.

다음 날, 한 경기라도 반드시 잡아야만 1위를 지킬 수 있었던 삼미는 또다시 장명부를 3차전에 내보냈지만, 이미 식어 버린 그의 어깨는 물이 오른 김종모의 방망이를 이겨 내지 못했고, "삼미의 장명부가 아닌 장명부의 삼미"라고 불렸던 팀의 타선 역시 덩달아 풀이 죽으면서 주동식의 공을 겨누지 못했다. 또다시 3 대 0의 완패.

장명부와 임호균이 무너지고 김일권, 김준환, 김성한, 김봉연, 김종모의 방망이가 춤을 추는 동안 삼미의 타선에서 뽑아낸 점수는 1차전에서 김진우가 때려 낸 솔로홈런으로 얻은 단 한 점뿐이었다. 경기력이라든가, 작전이라든가, 운이라는 요소들만으로는 도저히 설명할 수 없는 귀신 놀음 같은 결과였다.

"광주에서 숙소에 있으면, 밤에 전화가 와. '임호균 선수?' 하고 찾아서 '예, 누구십니까?' 하면, '내일 잘 생각해서 하시오. 내가 당신 검지랑 중지랑 손가락 딱 두 마디만 잘라 버리면 되는데, 그래 봤자 감방에 딱 두 달만 있다 나오면 되니까……' 하고 끊어. 그러면 나도 젊을 때니까 겁먹고 그런 건 없지만, 아무래도 그런 일이 계속되니까 기분도 이상해지고, 위축되지. 또 '3년 전(1980년 5월 광주민주화운동)에 회수 안 된 총이 있는 거 알지?' 하면서 협박하고 끊는 사람도 있었고."(임호균)

원정 선수단 버스가 불타기도 하고, 응원단 간의 집단 충돌도 심심치 않게 벌어지던 것이 그 무렵의 야구장이었다. 정도의 차이일 뿐, 광주뿐 아니라 인천에서도 비슷한 일은 늘 일어나기도 했다. 하지만 그 사흘 동안 삼미 슈퍼스타즈 선수들이 더 바짝 위축되고 주눅이 들었던 것은, 리더인 김진영 감독이 함께하고 있지 못하기 때문이었는지도 모른다.

"그때, 감독님이 날아차기를 해 가지고 말썽 났던 다음 날, 아마 부산 원정 갔을 때인 것 같은데, 게임 끝나고 나서 검은 양복 입은 덩치 좋은 사람들이 몇 명 왔어요. 선수들이 감독님 못 보낸다고, 방망이 들고 막았지. 그런데 '어르신이 보내셨습니다. 같이 가셔야죠' 하더니 무슨 손수건 같은 걸 감독님 입에 살짝 대니까 감독님이 의자 위로 풀썩 주저앉더라고요. 그게 무슨 약이 묻어 있었나 싶은 생각이 드는데, 그렇게 끌려가셨어요. 끌려가시고 나니까 아무래도, 선수들이 기가 죽었지. 대장을 잃었으니까." (김경남)

거듭되는 불운, 놓쳐 버린 우승 기회

어쨌든 그 거짓말 같고 또 악몽 같았던 3연전이 끝난 뒤 해태가 오히려 삼미를 반 경기 차로 역전해서 선두에 나섰고, 기가 꺾인 삼미는 MBC와 삼성에마저 난타를 당하며 3.5경기 차 2위로 전기 리그를 마감해야 했다.

그렇게 전기 리그를 우승하며 한국 시리즈행 티켓을 확보한 김응룡 감독은 주력 투수인 이상윤과 주동식을 적당히 쉬게 하며 가을맞이를 준비했고, 반면 삼미 슈퍼스타즈는 나머지 한 장의 한국 시리즈행 티켓을 잡기 위해 후기 리그 우승에 '올인'해야 했다. 하지만 이번에는 정상적인 지휘를 할 수 없게 된 김진영 감독 대신 실질적인 지휘권을 행사하던 백인천 코치마저 선두 다툼이 한창이던 8월 23일에 간통죄로 구속되는 사달을 겪었고, 팀은 또다시 미끄럼틀을 타는 비운을 겪어야 했다. 두 명의 감독이 이탈하자 할 수 없이 구단은 창단 감독 박현식에게 시즌 막판 20경기의 지휘를 맡겼지만, 이미 그가 어찌해 볼 도리는 없는 상황이었다. 결국, 선두 MBC 청룡에 5경기 뒤진 공동 2위(삼성 라이온즈와 동률)로 후기 리그 역시 마감.

그렇게 삼미는 절호의 기회를 두 번이나 놓쳤고, 해태 타이거즈는 한국 시리즈에서 만난 MBC 청룡을 4승 1무로 꺾고 '해태왕조 시대'의 출발점이 되는 첫 우승을 달성할 수 있었다.

"확실히 우승할 수 있는 전력이었지. 분위기도 좋았고. 그런데 두 분의 감독님이 다 그렇게 시즌 중에 불미스런 일로 이탈하면서 힘이 빠져 버렸어. 돌아보면 많이 아쉽지. 그때 우승했다면 인천 야구의 역사가 아주 많이 달라질 수 있었는데." (임호균) 📝

삼미 슈퍼스타즈,
그리고
청보 핀토스

팀의 운명을 되돌린 자충수

　　그 이후 몇 년간의 인천 프로야구 역사를 돌아보는 일은 꽤나 지루하다. 일관된 하위권의 역사를 걸었다는 점에서도 그렇고, 일관된 비극의 역사를 이어 갔다는 점에서도 그렇다. 물론, 조금 바꾸어 말하자면, 다른 팀 팬들에게 일관된 조롱거리였다는 점에서도 그렇다. 별다른 특징도 없고 소득도 없는 세월이 몇 차례 쳇바퀴를 돌았을 뿐이다.

　　몇 가지 돌발 변수들 때문에 안타깝게 첫 우승의 기회를 놓친 것이 1983년이었기에, 팬들은 당연하게도 독한 마음으로 분발해서 기어이 우승 고지를 탈환해 줄 1984년을 기대하고 있었다. 하지만 1983년과 1984년 사이, 삼미 슈퍼스타즈는 엉뚱하게도 최악의 선택을 하며 재반격의 가능성을 날려 버리고 만다. 그해에 리그 전체에서 장명부에 이어 두 번째로 많은 이닝을 소화하며(234.2이닝) 12승을 올려 준 투수 임호균을 롯데로 보내고, 대신 세 명의 야수와 한 명의 투수(김정수, 권두조, 우경하, 박정후)를 받는 대형 트레이드를 단행했던 것이다.

인천고 출신 고참이자 국내파 에이스였던 임호균이 가진 실질적인 선수단 리더의 위상을 시기한 장명부가 요구한 트레이드였고, 30승이라는 절대적인 위력을 발휘한 중심 투수의 비중을 무시할 수 없었던 구단의 난감한 선택이었다. 하지만 그 선택은 1983년의 성공 이전으로 팀의 운명을 되돌리는 자충수가 되고 말았다.

물론, 선수층이 얇았던 삼미 입장에서 야수들을 보강하는 것이 필요한 일이긴 했다. 하지만 이미 주전 야수진이 갖추어진 상태에서 '보강'이란 말 그대로 장식물 하나 더 놓고 안전장치를 하나 더 만드는 차원의 일이었던 반면, 한 시즌에 100경기씩을 치르던 시절에 200이닝 안팎을 소화하며 10승 정도를 만들어 줄 수 있는 투수를 떠나보내는 것은 기둥 하나를 뽑아내는 것과 마찬가지의 일이었기 때문이다. 더구나, 임호균은 성적 외에도 선수단의 구심 역할을 할 수 있는 선수였고, 실제로 그런 역할을 해 주던 선수였던 것이다.

다람쥐 쳇바퀴 같은 꼴찌의 역사

아니나 다를까, 1984년에 야수들의 타율이나 출루율, 장타율, 실책 수 같은 기록들은 큰 변화가 없었지만 승수는 무려 14승이나 줄어들었고, 순위는 다시 꼴찌로 수직 하락하고 말았다. 투수 코치 역할까지 겸하게 된 장명부가 장담했던 것과는 달리 임호균의 몫이었던 12승을 채워 줄 투수를 키워 내는 일은 완전히 실패하고 말았고, 장명부 자신의 승수마저 30승에서 13승으로 수직 하락했기 때문이었다. 그뿐 아니라 인천 출신들이 중심이 되어 뭔가 이루어 보자던 '의기투합'의 기운 역시 흐트러져 버리면서 팀의 뼈대가 허물어진 것은, 당장 눈에 보이지는 않았지만 더 커다란 손실이었을지도 모를 일이다.

트레이드 사실을 뉴스를 통해 처음 접한 임호균은 직접 삼미그룹 김현철 회장을 찾아가서 항의하며 격렬하게 저항했다. 하지만 구단의 결정을 되돌릴 수는 없었던 임호균은 결국 롯데 자이언츠 유니폼으로 갈아입고 이번에는 최동원과 손발을 맞추며 다시 10승, 그리고 2점대의 평균 자책점을 기록해 롯데의 첫 우승에 결정적인 기여를 하게 된다. 특히 이적 첫해에 그는 삼미를 상대해 세 번의 완투승을 기록하며 비수를 꽂기도 했다.

"서운했지. 내가 어떻게 들어온 팀인데. 그래서 회장 면전에서 그랬어. 곧 알게 될 거라고. 누가 과연 이 팀을 사랑했고, 누가 이 팀을 위해서 헌신할 수 있는 사람이었는지 말이야."(임호균)

그 뒤의 역사들은 어느 것이 어느 해의 일인지 기억하기 쉽지 않은 '판박이' 혹은 '데자뷔'의 연속이었다. 1982년에 이어 1984년과 1985년에도 순위표 맨 마지막에 이름을 올렸고, 1982년에 11연패를 당하며 팀 최다 연패 기록을 세우더니 1985년에는 18연패 기록을 세우며 스스로 기록을 갈아 치우기도 했다.

1985년 전반기가 끝난 뒤엔 구단이 청보그룹에 매각돼 '청보 핀토스'로 옷을 갈아입었고, 청보 핀토스 역시 신생팀 빙그레 이글스 덕에 꼴찌를 면한 1986년을 지나 1987년에는 다시 중력의 법칙을 증명이라도 하겠다는 듯 꼴찌로 내려가 자리를 잡았다. 그리고 그 시즌을 끝으로, 채 3년도 채우지 못한 채 다시 구단을 매각해 이번에는 '태평양 돌핀스'로 또다시 간판을 바꾸어 달아야 했다. 🖋

4부

● 돌풍, 1989

● 태풍, 1994

● 첫 우승, 현대 유니콘스

• 현대 유니콘스? SK 와이번스?

• 와이번스 왕조시대

환희, 비애, 그리고 부활

'스포테인먼트'! 특이하고 생소하지만,

야구단 역시 경영 마인드를 가지고 운영해야 한다는

너무나 상식적이고 기본적인 생각을 담은 말이었다.

관중을 만족시키기 위한 야구장 시설 개선,

직원들의 서비스 마인드 개선, 지역민과 밀착하고

유대감을 키우기 위한 각종 프로그램.

그리고 무엇보다도 지역민들을 기쁘게 할 수 있는 야구.

돌풍,
1989

'김성근 사단'의 탄생

　　태평양 돌핀스의 역사도 그리 크게 다를 바는 없었
다. 두 번(1988년과 1993년)은 꼴찌를 기록했고, 그 외에도 대부분의 시
즌은 간신히 '탈꼴찌'에 성공하는 정도가 돌핀스의 성적이었다. 하지
만 그나마 조금 더 의미를 부여할 수 있는 요소들을 찾아본다면 가장
긴 8년간 구단을 운영하는 '자체 신기록'을 세웠다는 점, 그리고 두 번
에 걸쳐 포스트시즌에 진출하는 역사를 창조했다는 점이다.

　1989년은 인천 야구뿐 아니라 한국 야구사에 유례가 없는 돌풍이 불
어닥친 해였다. 그해를 앞두고 청보 핀토스의 마지막 해였던 1987년
과 태평양 돌핀스의 첫해였던 1988년, 2년 연속 꼴찌를 벗어나지 못
한 강태정 감독을 시즌 중에 경질한(임신근 코치가 감독 대행으로 임명되
어 시즌 종료 때까지 팀을 맡았다) 구단은 마침 OB 베어스에서 5년간 준

수한 승률을 기록해 오면서도 '우승을 시킬 수 없는 감독'이라는 이유로 내쳐진 김성근 감독을 영입했다.

만년 꼴찌 팀 태평양 돌핀스의 감독 자리에 별로 연연할 필요도 없었고, 또 OB 베어스에서 지휘봉을 잡은 5년 내내 내부의 적과 갈등하느라 시달렸던 김성근 감독은 취임 조건으로 "코칭스태프 전체와 프런트 일부에 대한 선임권을 포함한, 선수단 운영의 전권"을 요구하는 강수를 던졌다. 그리고 그룹 임직원들 사이에서는 물론 도저히 있을 수 없는 일이라는 의견이 만만치 않았지만, 당장 꼴찌라도 벗어나는 게 급했던 구단은 그 조건을 전격적으로 수용하기에 이른다. 바로 '김성근 사단'이라 불리는 거대하고 강력한 코칭스태프 조직의 역사가 등장하는 순간이었다.

김성근 감독은 기존 코칭스태프를 대부분 해임한 뒤 신용균, 이종도, 최주억, 정현발, 박상열 등을 직접 선발해 뜻을 같이하는 코치들로 그 자리를 채워 넣었다. 그리고 이 팀에 가장 필요한 것이 무엇인지 머리를 맞대고 심층 분석했다.

지옥 훈련과 '벌떼작전'

그들을 선임한 태평양 그룹이 원하는 것은 우승도 아니고 포스트시즌 진출도 아니었다. 그저 '탈꼴찌'면 감지덕지할 준비가 되어 있었다. '8번째 시즌 만에 연고 팀 사상 세 번째 탈꼴찌'라는 거창한 목표. 물론, 그런 소박한 목표마저 시즌 전 대부분의 전문가들에게는 비웃음거리에 불과했을 정도로 선수층은 얇았고, 팀워크도 엉망이었다. 게다가, 아무리 꼴찌를 반복해도 좀처럼 눈높이가 낮아지지 않는 인천 팬들은 무시로 경기장 안전그물을 타고 올랐고, 무언가 때려 부수었으며, 또 무언가를 불태우기도 했다.

OB 베어스를 시작으로 태평양, 삼성, 쌍방울, LG, SK까지 6개 프로 팀 감독을 지낸 김성근 감독. 2012년에 창단한 독립 구단 고양 원더스의 초대 감독으로 부임했다. (사진 제공: 고양 원더스)

"태평양에 처음 갔을 때는 시합 지면 어떻게 도망갈까, 이거부터 생각했다고. 그래서 원래 홈팀이 1루 쪽인데, 나는 3루 쪽으로 갔다고. 도망가기 좋으라고. 인천구장은 1루 쪽은 관중들하고 모인다고. 차 빨리 타고 도망가기 위해 시작한 거고, 다행이 성적이 좋으니까 한 번도 그런 사태는 없었지만, 그 시절은 심각하게, 지하도는 못 만드나, 이런 생각도 가지고 있었고, 그런 속에서 시작했고……." (김성근 감독)

하지만 김성근 감독은 '탈꼴찌'가 아니라 매 경기 '이기는 것'을 목표로 띨 수 있는 '정상적인 팀'을 만드는 것을 목표로 삼았다. 지는 것을 당연하게 생각하는 '패배주의'야말로 그 팀의 문제였고, 그것을 떨쳐 버리지 못하는 한 탈꼴찌는 고사하고 제대로 된 야구도 삶도 불가능하다는 것이 그의 결론이었다.

김성근 감독은 첫 시즌 전 겨울, 해외 전지훈련을 떠난 다른 팀들과 달리 오대산에 훈련 캠프를 차렸다. 구단의 지원이 없어서가 아니었다. 심지어는 오대산 훈련에 필요한 훈련 경비도 구단의 지원 일절 없이 선수들이 직접 십시일반 모아서 충당하도록 했다. 각자 배낭에 쌀이며 김치며 고추장 따위를 나누어 준비해 오도록 한 것이었다.

오대산 곳곳에서 선수들은 하루 열 시간씩 산과 씨름했고, 땀에 젖은 몸은 얼음을 깨고 들어가 계곡물로 식혔다. 그리고 그렇게 격한 고통과 맞부딪쳐 꿈틀대는 몸 안에 담긴 정신을 담금질했다.

"다른 거보다도, 밤에 산악 훈련을 하는데, 저녁 7시에 저녁 먹고,

초콜릿 먹고, 오대산의 길이 나지 않은 능선을 타는 거죠. 눈 쌓인 자갈밭을 맨발로. 그때 정말 낙오가 되면 죽을 것 같더라고요. 그래서 불빛 하나 없는 데서 선배 발자국만 보고 따라갔던 기억을, 지금도 잊지를 못 하겠어요. 어떻게든 아침 새벽까지 돌아와야 하니까. 그리고 혼자서는 다닐 수가 없으니까. 낙오가 되면 죽을 것 같았으니까."(정명원)

물론, 패배의 관성에 젖은 선수들이 '지옥 훈련'인들 능동적일 리 없었다. 특히 고참급 선수들은 "야구와 하등 관계도 없는 이런 훈련을 해야 하는 이유가 무엇이냐"며 저항하기도 했다. 그럴 때면 행동 대장 역을 맡은 이종도 코치가 먼저 물속에 들어가 하나하나 이름을 불러 댔고, 기가 질린 선수들도 도살장 끌려가는 표정으로 옷을 벗어 내려야 했다.

김성근은 가는 곳마다 그랬듯 '벌떼작전'을 완성했다. 다른 팀에서 한 것과 다른 점이 있었다면, 투수가 아닌 타자를 벌 떼처럼 동원했다는 것이었다. 그 구상의 핵심은 원원근, 여태구, 류동효, 곽권희 같은 신인급 타자들이었다.

회심의 비밀 병기, 무명 투수 3인방

'벌떼작전'이란 거목이 없는 공백을 우거진 잡목으로 메우는 전술이다. 따라서 그것은 본질적으로 취약점을 메우는 방어

전술이지, 이기는 무기가 되지는 못한다. 그래서 김성근이 아무도 몰래 날을 세워 놓고 있던 필살기는 세 명의 무명 투수였다. 바로 박정현, 최창호, 정명원. 그는 그 세 투수를 위해 인천구장 외야 펜스를 3미터 높여 세웠다. 투수전에 승부를 건 것이다.

1987년 입단한 좌완 최창호는 두 시즌 동안 8점대의 평균 자책점에 2패만을 기록하고 있던, 그리 '유망할 것도 없던' 중고 신인이었다. 그리고 1989년 원광대를 졸업하고 입단한 정명원은 투수로 전향한 지 얼마 되지 않은 '초보'였다. 또한 유신고 시절 황금사자기 4강을 이끌며 제법 쓸 만하다는 평가를 받기도 했던 박정현도 데뷔 첫해인 1988년에 고작 18.2이닝을 던지며 무려 16점의 자책점을 내주었을 뿐이었다. 단 1패, 그리고 7.71의 평균 자책점이었다.

그러나 1988년 2군 리그에서 돌핀스의 '원투펀치'로 활약하며 투구에 눈을 뜨기 시작한 최창호와 박정현은 김성근 감독에게 확실한 '감'을 주고 있었다. 정명원 역시 190센티미터에 가까운 장신에서 내리꽂는 정통파 투구 자세가 신선했다. 김성근 감독은 그 세 명의 투수에게 매일 500개 이상의 공을 던지게 하며 단련했다.

"첫 동계 훈련 들어가서 하는데, 제주도였어요. 눈보라 치는데, 칸막이만 있는 데서, 모닥불 피워 놓고 아무 소리 안 하시고 그냥 던지라는데, 진짜 죽겠더라고요. 그래서 감독님 살짝 한눈파실 때는 좀 슬슬 던지기도 하고. 또 그때 포수 해 주던 박명운 선배한테 공 개수 좀 올려 달라고 부탁도 하고…… 그러면서 버틴 기억이 나

요."(정명원)

"제 기억에는 제가 제일 많이 던졌어요. 제일 부족했으니까. 200개
에서 300개. 많은 날은 500개에서 700개. 일주일에 6일 하고 하루
쉬고 또 하고. 어쨌든 그렇게 엄청나게 던졌는데, 그래도 그때는 마
운드에 서는 게 워낙 절실했으니까, 밤에 잘 때도 볼 던지는 시간만
기다리고 그랬어요."(최창호)

그런 과정을 통해 각자 '아프지 않게' 팔을 휘두르는 궤적을 발견했
고, 또 일정하게 '제구'가 되기 시작했다. 그리고 제구를 할 수 있게 된
그 세 명의 투수들은 스스로 생각하는 것보다도 훨씬 강한 투수가 되
어 있었다.

그해, 그나마 이름값 있던 임호균, 양상문, 최계훈, 김신부를 밀어내
고 듣도 보도 못 한 새 얼굴로 팀의 1~3선발을 구축한 돌핀스는 이미
'돌풍' 이전에 '경악'의 팀이었다.

결과적으로, 그 세 투수를 선봉에 세우는 전략은 대성공이었다. 박
정현은 19승과 2.15의 평균 자책점을 기록하며 선동열에 이어 다승과
평균 자책점 부문 2위에 올랐고, 최창호와 정명원 역시 각각 10승과
11승을 거두며 평균 자책점 3, 4위로 뒤를 이었다. 그해는 서울에서
치러진 1988년 올림픽 국가 대표 팀에 소집되었던 아마 야구의 굵직
한 유망주들이 한꺼번에 쏟아져 들어왔고, 그래서 어느 해보다도 치열
한 신인왕 경쟁이 이어진 해였다. 투수 쪽으로는 조계현, 이강철, 이광

우, 송진우, 타자 쪽으로는 강기웅, 강영수가 그해에 입단했다. 하지만 신인왕은 시즌 초만 해도 듣도 보도 못 했던 박정현이라는 생소한 고졸 투수에게 돌아가게 되었다.

하지만 그렇게 리그 전체에서 가장 적은 실점을 한 세 명의 투수로 40승 '밖에' 만들어 내지 못한 것은 여전한 물방망이 타선 때문이었다. 팀 타율 꼴찌는 물론이고, 타격 20위권 내에 단 한 명의 타자도 이름을 올리지 못한 돌핀스의 허약한 타선은 '무실점이면 이기고 두 점 주면 진다'는 독한 각오를 심어 준 것 외에 투수들에게 별 힘이 되지 못했다. 그리고 큰 도움이 못 되기로는 그 세 신인 투수를 뒷받침해 주었어야 할 다른 투수들도 마찬가지였는데, 무려 47번이나 되었던 1점차 승부를 지켜 내기 위해 각각 200이닝 이상씩 던져야 했던 무리 역시 그런 사정을 반영한다.

어쨌든, 그 세 투수의 예상을 뛰어넘는 대활약, 그리고 각각의 능력은 부족했지만 신인 타자들을 요소요소에 채워 넣어 승부를 잡아 나간 김성근 감독의 용병술로 태평양 돌핀스는 그해 정규 시즌에서 3위에 올랐고, 변경된 제도에 따라 그해부터 치러지게 된 준플레이오프에 출전하게 되었다. 인천 연고 팀 역사상 처음으로 포스트시즌에 진출한 사건이었다.

쓰러진 영웅에게 바친 선물

그 역사적인 첫 경기였던 1989년 10월 9일 인천에서 열린 삼성 라이온즈와의 준플레이오프 1차전은 박정현과 김성길의 에이스 맞대결이었고, 무려 연장 14회까지 서로 단 한 점도 허용하지 않으면서 기나긴 0의 행진이 이어졌다. 하지만 박정현보다 무려 열세 살이나 많았던 삼십대 중반의 김성길에게 그것은 너무 잔인한 기대였고 무리였다. 연장 14회 말 갑자기 흔들리며 두 명의 주자를 내보내더니, 태평양의 4번 타자 김동기에게 끝내기 3점 홈런을 맞고서 고개를 떨구고 말았다. 태평양의 1승.

바로 다음 날 대구로 옮겨 이어진 2차전에서는 3회 초에 먼저 2점을 뽑으며 기선을 잡고도 6회 말에 선발 최창호가 삼성의 김용국에게 만루 홈런을 내주며 역전을 허용해 결국 4 대 3의 패배. 1승 1패로 균형이 맞추어졌다.

하루를 쉰 뒤 10월 11일 다시 인천으로 돌아와 치른 마지막 3차전에서 두 팀은 또다시 1 대 1로 팽팽하게 맞선 채 연장전으로 접어드는 접전을 이어 갔다. 그 경기에서는 4회 초에 원아웃 1·3루 상황의 위기가 닥치자 1차전에서 14이닝을 던졌던 박정현이 불과 이틀 만에 또다시 자진 등판해 불을 끄는 투혼을 발휘했는데, 그 경기 또한 1차전과 마찬가지로 그 순간부터 기나긴 0의 행진을 벌이는 바람에 다음 투수에게 마운드를 물려주고 내려갈 기회를 잡지 못하게 되고 말았다. 별수 없이 다시 승리를 굳힐 점수가 나 주기만을 기다리며 던지고 또 던지는 수밖에 없었다. 그러나 야속한 타선은 끝내 터지지 않는 가운데, 여전히 1 대 1로 맞선 9회 초 투아웃 상황에서 박정현은 허리를 부여잡고 쓰러지고 말았다. 그리고 그대로 부축을 받으며 마운드를 내려와

유신고를 졸업하고 곧장 프로로 뛰어든 박정현. 헌신적인 투구로 1989년부터 4년 연속 두 자릿수 승리를 기록했다. 그는 한국 야구 역사상 가장 낮은 지점에서 공을 뿌린 투수로도 꼽힌다. (사진 제공: 박정현)

곧장 병원으로 후송된 그는 심각한 디스크 증세라는 판정을 받게 된다. 190센티미터가 넘는 키에 손이 거의 땅에 긁힐 만큼 극단적으로 낮은 지점에서 던지던 그의 언더핸드 투구 폼은 불가피하게 허리에 무리를 차곡차곡 쌓아 올리고 있었던 것이다.

박정현이 실려 나가자 베테랑 투수 양상문이 나와서 갑자기 생긴 공백을 간신히 막아 냈고, 이어진 10회 말, 투아웃 만루의 기회에서 신인 곽권희가 때린 타구는 중견수의 키를 훌쩍 넘겨 펜스 앞에 떨어졌다. 마치 유치한 스포츠 영화의 상투적 결말처럼, 마지막 순간을 남겨 두고 쓰러진 영웅에게 바치는 동료들의 마지막 선물인 듯 그렇게 경기는 끝났다.

물론, 우승도 아니었고, 간신히 포스트시즌의 첫 관문을 통과하는 순간일 뿐이었다. 더구나 플레이오프에서는 그해 결국 우승을 하게 되는 해태 타이거즈에 3연패로 밀리며 역부족을 느껴야 하기도 했다. 하지만 그 순간 인천 도원구장을 뒤흔든 함성은 그저 흔한 승리의 환호가 아니었다. 그것은 승리의 기쁨에 겹쳐 8년간 쌓이고 눌린 서러움과 한이 풀리는 해원의 환희였고, 박정현과 돌핀스가 만들어 낸 드라마에 대한 감동의 눈물이었던 것이다. 🖉

태풍,
1994

인천 연고 구단 최초의 한국 시리즈 진출

1990년, 태평양 돌핀스는 5위로 내려앉는다. 밥 먹듯 하던 꼴찌가 아니라는 점에서는 그나마 '연착륙'일 수도 있었지만, 어쨌든 한 해 전의 성공이 젊은 선수들을 주축으로 이룬 것이었기에 조금 더 전진할 수 있으리라는 기대와는 반대 방향으로 흘러간 결과였다. 그리고 그 책임을 지고 김성근 감독 역시 옷을 벗고 만다.

물론 1989년의 돌풍이 상당 부분 김성근 감독의 공이라면, 그해의 성공을 단 한 해도 더 이어 가지 못했던 것은 그의 과에 포함된다고 해도 틀린 말은 아닐 터이다. 하지만 그렇다고 또 그 전적인 책임을 그에게 돌리기 어려운 사정들도 눈에 띈다. 국가 대표 팀에서 4번을 치던 김경기(김진영의 아들)가 입단한 것을 제외하면 별다른 전력 보강이 없었고, 전 시즌에 대성공을 이끌어 준 선수들에 대한 금전적인 보상도

박했다. 예컨대, 애초에 연봉이 1,200만 원에 불과했던 박정현은 인상 제한 폭인 25퍼센트를 적용해도 인상분이 300만 원밖에 되지 않자 1,000만 원의 특별 보너스를 지급하는 선에서 합의가 이루어져 있었는데, 구단 쪽에서 뒤늦게 모기업의 화장품 CF 모델료로 이미 지급했던 800만 원이 그 보너스에 포함된 걸로 봐야 한다며 200만 원만 주겠다고 해서 협상이 늘어지기도 했다. 심지어 11승 투수 최창호와 도루왕 김일권, 그해 전 경기에 출장하며 팀 내 최고 타율을 기록한 고참 타자 이광길 등은 연봉 계약이 늦어져 전지훈련에 제대로 참가하지 못하는 사태가 벌어지기도 했다.

어쨌든, 다시 한 번 하위권으로 내려온 태평양은 1991년, 1992년까지 3년간 시즌 막판까지 4강 추격전을 벌인 끝에 좌절하며 5위, 5위, 6위를 맴돌았다. 비록 척박한 조건이었지만 그나마 1980년대 이후 조금씩 기력을 회복하며 전국 대회에서 그럴듯한 성적을 얻어 오던 인천고와 동산고, 그리고 1982년에 야구부를 신설한 제물포고의 쓸 만한 졸업생들이 보충되기 시작한 덕분이기도 했다. 1990년에는 1985년 인천고의 대통령배 준우승을 이끌며 이영민 타격상을 수상하기도 했던 김경기가 입단했고, 1992년에는 1986년과 1987년 사이에 동산고의 황금사자기 4강과 대붕기, 전국체전 준우승을 이끈 뒤 한양대에 진학해 국가 대표 에이스로 성장한 정민태가 입단했다. 또 1993년에는 인천고 출신으로 단국대 시절 2학년 때부터 국가 대표로 활약한 왼손 강속구 투수 김홍집이 입단했다. 모두 1983년의 임호균과 1984년의 최계훈 이후 오랜만에 전국적으로 이름을 내밀어 볼 만한 굵직한 연고지 출신 신인의 가세였다.(1988년 황금사자기 대회에서 1학년생으로서 혼자 4승을 거두며 우승을 이끌어 1966년 청룡기 우승 이후 무려 22년 만에 첫 우승 컵을 선사했고, 또 그 이듬해인 1989년에는 또다시 봉황기 우승을 이끌었던, 그래서 최관수 이후 인천과 동산고가 낳은 고교 최고의 투수로 평가받은 위재영이 인하대를 거쳐 입단한 것도 1995년, 태평양 돌핀스였다.)

그러나 공교롭게도 약속이라도 한 듯 입단 초기에 부진하거나 부상에 시달렸던 그들 대형 신인들이 이번에는 하나같이 부활해서 힘을 모은 것이 1994년이었다. 인천고가 무려 35년 만에 4대 전국 대회에서 이룬 우승이었던 1989년 황금사자기 우승 멤버인 최상덕이 그해 1차 지명을 받고 입단해 곧장 13승을 올렸고, 최창호와 김홍집이 12승, 그리고 1992년에 원주고를 졸업하고 곧바로 입단해 투수에 관한 각종 '최연소' 기록들을 세워 나가며 10승을 올렸던 안병원이 11승을 올리며 선발진을 꾸렸다. 그리고 입단 후 내내 부진했던 정민태도 부상을 털고 일어나 8승을 올리며 제 몫을 하기 시작했다. 그뿐 아니라 마무리 정명원이 무려 105.2이닝을 평균 자책점 1.36으로 완벽하게 틀어막으며 사상 최초로 40세이브를 기록해 주면서 마운드의 높이는 전반적으로 한층 높아져 있었다.

물론, 늘 그랬듯, 방망이는 보잘것없기는 했지만 4번 타자 김경기가 쌍방울의 김기태와 치열한 홈런왕 경쟁을 벌이며 23개의 홈런을 날리는 등 윤덕규, 김경기, 김동기로 이어지는 클린업 트리오가 49개의 홈런을 합작해 그나마 예전에 비하면 한층 묵직한 파워를 뽐내기도 했다. 그리고 공격 면에서는 나란히 '멘도사 라인'*을 이루는 처지긴 했지만 유격수 염경엽과 2루수 김성갑이 주축이 되어 안정감 있는 수비진을 구축한 것도 큰 힘이 되었다.

대단한 에이스는 없지만 누구든 10승 정도는 해 줄 수 있는 풍성한 선발진과 8개 구단 최강의 마무리 투수. 그리고 역시 대단한 강타자는 없지만 간혹 한 방으로 결승점은 만들어 주는 중심 타선과, 화려한 퍼포먼스는 없지만 실책은 극히 적은 안정감 있는 수비진. 1994년의 태평양 돌핀스는 바로 그런 팀이었고, 그 강점을 살려 정규 시즌 2위로 플레이오프에 진출한 뒤 빙그레 이글스를 3승으로 일축하고 인천 연고 구단 사상 최초의 한국 시리즈 진출을 이루어 낼 수 있었다.

물론 한국 시리즈의 상대가 된 정규 시즌 1위 팀 LG 트윈스는, 객관적 전력상의 비교만으로는 도저히 상대가 되지 않을 강팀이었다. 나란히 그해에 입단한 신인 트리오 유지현, 김재현, 서용빈으로 이어진 1~3번으로부터 '우승 청부사' 혹은 '해결사'라 불린 결정력 높은 4번 타자 한대화, 그리고 노찬엽, 김영직 등으로 이어지는 백전노장들로 구축된 타선은 태평양 돌핀스보다 4푼가량 높은 타율과 두 배 이상 많은 도루를 기록하며 무려 30퍼센트 가까이나 높은 득점 생산력을 자랑하고 있었다.

그렇다고 마운드의 높이가 낮은 것도 아니었다. 18승의 다승왕 이상훈으로부터 김태원(16승), 정삼흠(15승), 인현배(10승)로 이어지는 선발진도 태평양보다는 한 수 위였고, 마무리에는 정명원보다 딱히 밀린

● 두수를 제외한 선수 중에서 규정 타석을 채운 타율이 2할 언저리에 있는 타자를 가리키는 말.

다고 하기도 어려운 30세이브의 베테랑 김용수가 있었다. 게다가 차동철, 차명석, 강봉수로 구축된 막강한 계투진만큼은 태평양에 비해 확실한 우위를 점하는 부분이기도 했다.

1차전에서 판가름 난 한국 시리즈의 향방

하지만 어쨌든 단기전 승부는 '객관적 전력'만으로 결정되는 것은 아니었기에 1차전의 승부는 중요했다. 한 수 밀리는 태평양 돌핀스라고 해도 일단 1차전을 잡아 낼 수만 있다면 객관적 전력의 차이는 일거에 넘어설 수도 있었다. 그리고 실제로 그 한국 시리즈의 패권을 결정한 것은, 사실상 1차전이었다.

1차전에 나선 LG 쪽 선발은 18승의 다승왕 이상훈, 태평양의 선발은 12승 3패의 승률왕 김홍집이었다. 1993년에 대학을 졸업하고 각자 1차 지명을 받아 프로에 입단한 동기이자, 빠른 공을 던지는 왼손 투수라는 공통점을 가진 라이벌 간의 대결이었다.

경기는 팽팽한 투수전이었다. 그러나 좀 더 빛난 것은 김홍집 쪽이었다. 비록 3회에 서용빈에게 2루타를 맞으며 먼저 한 점을 내주긴 했지만 그 외에는 거의 주자를 내보내지 않는 완벽한 투구를 했고, 간혹 주자를 내보내며 위태롭게 무실점을 이어 간 이상훈보다도 단단해 보였다. 그리고 7회에 하득인의 적시타로 한 점을 만회해 동점을 만들자 돌핀스 응원석은 절정으로 달아올랐다. 그리고 그 기운을 받았는지 김홍집 역시 다시 힘을 내며 공 서너 개로 한 타자씩을 돌려세우는 경쾌

한 삼자범퇴 행진을 계속했다.

8회 초, 위태롭게 버티던 이상훈이 1사 1·3루의 위기에 몰리자 LG의 이광환 감독은 투수를 차동철로 교체했고, 차동철이 4번 타자 김경기에게 볼넷을 내주며 만루를 만들자 이번에는 다시 김용수로 교체했다. 그리고 김용수가 더 물러날 곳 없는 만루 상황에서 상대한 김동기가 2스트라이크 3볼 풀카운트에서 6, 7구 슬라이더를 끈질기게 커트하자 8구에 또다시 백도어성 슬라이더를 던졌고, 정확히 타이밍을 맞춘 김동기의 배트가 그 공을 때려 냈다. 하지만 타구가 향한 것은 3루 정면. 어쩔 수 없는 병살타였다. 안타 한 개, 아니 웬만한 외야 플라이나 깊숙한 내야 땅볼 한 개면 한국 시리즈 첫 승이 가능한 순간에 터져 나온 최악의 결과였다.

"공이 정확히 보였고, 너무 잘 맞았어. 병살만은 면해 보려고 죽어라 뛰었는데, 타구가 너무 빨라서 어쩔 수가 없었어. 그게 만약 빠졌다면 그해에 우승을 할 수도 있었는데, 운이 없었어."(김동기)

위기 뒤에 기회가, 기회 뒤에 위기가 온다는 금언이 가장 높은 확률로 확인되는 곳이 바로 야구장이다. 기회를 잃고 맥이 풀려 버린 쪽과 위기를 넘기고 또 한 번의 기회를 얻은 쪽이 자리를 바꾸어 곧바로 맞서야 하기 때문이다. 더구나 큰 경기 경험이 없는 돌핀스 선수들은 눈에 띄게 기가 죽어 있었다. 반대로, '신바람'을 깃발 삼아 휘두르던 트윈스의 노련한 코칭스태프와 선수들은 박수를 치고 고함을 지르며 승세를 돋우고 있었다.

오직 김홍집만은 그 모든 분위기나 흐름 따위 아무 상관 없다는 듯 신들린 공을 던져 댔다. 오히려 독이 오른 듯, 8회부터 10회까지 송곳 같은 직구들을 구석구석 찔러 넣었다. 구속은 초반보다도 빨라지고 있었고, 아웃 카운트가 늘어 가는 속도도 이전보다 빨라졌다.

하지만 11회 말. 해설자는 정명원이 교체되어 올라올 것으로 예상했다. 상대 팀에서는 이상훈과 차동철을 이어 나온 김용수도 이미 2이닝 넘게 던지고 '한계'를 운운하던 시점이었다. 김홍집이 130개가 넘는 공을 던지고 있었기에 더 이상은 누가 보아도 무리인 상황이었다. 그러나 더그아웃을 걸어 나온 것은 또다시 김홍집이었다.

"9회 던지고 내려왔을 때인데, 코치님(김시진)이 바꾸자고 하시는 거야. 오늘만 게임이 아니니까 오늘은 여기서 바통 넘겨주자, 네가 할 건 다 했다. 그런데 제가 '더 던지고 싶고 더 던질 수 있고 자신도 있다'고 얘기를 했어요. 그랬더니 코치님이 감독님(정동진)한테 가서 이야기를 하는데, 의견이 잘 안 맞는지…… 두 분이 저한테 걸어오시더라고요. 오시더니 감독님이 저한테 첫마디가 '어때?' 하시더라고요. 그래서 '자신 있습니다' 하고 답했더니 감독님이 코치님한테 '거 봐, 자신 있다잖아' 하고 가시더라고요. 더 가자고. 그러고 11회에…… 일이 그렇게 벌어졌는데……."(김홍집)

연장 11회 말 1사 후 주자 없는 상황에서 6번 대타 김선진이 들어섰다. 공교롭게도 돌핀스에서 연습생으로 뛰다가 방출된 적이 있는 그는 트윈스에서 1군 엔트리에 진입하긴 했지만 안타를 기대하기는 어려운 선수였다. 그해에도 정규 시즌 기록은 안타 20개와 홈런 1개 뿐. 트윈스 팬들마저 큰 기대를 하지 않았던 김선진이 타석에 들어선 그 순간은, 어쩌면 그 경기 중 가장 긴장이 풀어져 있던 순간이었다.

그런데, 초구에서 예사롭지 않은 타격음이 들렸다. 김홍집이 김선진에게 던진 제1구이자 그 경기에서 141번째로 던진 공이 김선진의 방망이를 맞고 되돌아 날기 시작했고, 잠실은 잠시 진공상태가 된 듯했다. 왼쪽 담장을 넘어 경기를 그대로 끝낸 '굿바이 홈런'이었다.

사실상 시리즈는 그렇게 끝났다. 2차전은 LG 투수 정삼흠에게 단 3안타 무득점으로 완봉당하며 7 대 0의 완패. 인천으로 돌아와서 치른 3차전은 정민태가 5이닝을 노히트노런으로 틀어막는 호투 속에서 4 대 0으로 앞서 가며 반격의 계기를 마련하는 듯했지만, 이번에는 믿었던 마무리 정명원이 무너지며 역전을 허용하고 말았다. 4차전에서는 또다시 이상훈이 선발로 나선 LG에 3 대 1로 끌려가자 4회부터 김홍집이 자진 등판해 남은 이닝을 무실점으로 막았지만 타선이 단 한 점을 추격하는 데 그치면서 3 대 2의 패배. 그렇게 돌핀스는 내리 네 판을 내주고 첫 번째 우승 도전을 멈추어야 했다. 📝

첫 우승,
현대
유니콘스

네 번째 간판, 최강팀의 탄생

　　　첫 포스트시즌 진출과 첫 한국 시리즈 진출이라는 역사를 남겼지만, 태평양 돌핀스 역시 구단 매각이라는 인천 팀의 '전통'을 비켜 가지는 않았다. 전 시즌의 좋은 페이스를 이어 가지 못하고 7위로 밀려난 채 시즌을 마무리해 가던 1995년 8월 31일, 현대건설 이내흔 회장은 계동의 사옥에서 기자회견을 열고 '태평양 돌핀스 인수'를 발표했다. 그리고 얼마 뒤 공개된 새 팀의 이름은 '유니콘스' 였다.

　삼미가 3년 반, 청보가 2년 반, 그리고 태평양이 8년. 그 사이 삼미가 3번, 청보가 1번, 태평양이 2번 꼴찌를 기록했다. 그렇게 한국 프로야구의 14년 역사는 인천 팬들에게는 세 번의 구단 매각과 여섯 번의 꼴찌의 기억으로 채워지게 된 것이다.

삼미의 매각 대금이 70억 원, 청보의 매각 대금이 50억 원이었던 것에 비하자면 태평양의 매각 대금 470억 원은 엄청나게 비싼 값이었다. 두 번의 포스트시즌 진출과 인천 연간 최다 관중 기록(47만 6천 명, 1994년)이 보여 준 어느 만큼의 '성과' 덕분이기도 했지만, 마침 그 무렵 기존 8개 구단의 견제를 뚫고 프로야구단을 창단할 방법을 찾고 있던 현대그룹 정주영 회장의 아쉬운 사정과 맞물린 덕분이기도 했다. 1992년 대선에 출마했다가 3위로 낙선한 정주영 회장은 정권의 견제 시선을 분산하기 위해서, 그리고 패배감에서 쉽게 헤어나지 못하고 있던 현대그룹 임직원들의 분위기 전환을 위해서도 적극적인 스포츠 분야 진출을 모색하고 있었던 것이다.

어쨌든, 1996년 시즌부터는 현대 유니콘스라는 4번째 간판이 인천 도원야구장에 내걸렸다. 그리고 역시 국내 최대 기업이 운영하는 팀답게 대대적인 투자와 체질 개선이 이루어졌다. 현대는 이미 4년 전에 해태 타이거즈가 지명해 놓은 광주일고 출신의 박재홍이 그해 연세대를 졸업하자 현대가 가지고 있던 또 다른 실업 야구팀인 피닉스로 빼돌렸다가 해태와의 막후 협상을 통해 유니콘스로 입단시키는 수완을 발휘했다. 그리고 그 뒤로 2년간 비슷한 방식으로 롯데에 있던 당대 최고의 톱타자 전준호를 데려왔고, LG와 분규를 겪던 임선동을 불러왔으며, 또 IMF 경제 위기 속에서 자금난을 겪고 있던 쌍방울에 돈을 주고 최고의 포수 박경완과 최고의 마무리 투수 조규제를 끌어왔다. 물론 그런 행보에 자극받은 한국 재벌의 양대 산맥 삼성이 가만히 있을 리 없었고, 역시 수십억씩의 돈다발을 들고 선수들을 끌어모으기 시작했다. 하지만 효율성 면에서 도저히 현대를 따라갈 수 없었다.

박재홍은 당장 입단 첫해부터 사상 최초의 '30-30'(30홈런 30도루)을 달성하는 기염을 토했고, 박경완은 특기인 노련하고 창의적인 투수 리드뿐 아니라 2000년 시즌엔 홈런왕을 차지하고 2001년에는 포수 최초의 '20-20'까지 달성할 만큼 다양한 능력을 과시했다. 그리고 1996년 봉황기 대회에서 인천고의 준우승을 이끌었던 김수경 역시 입단 첫해인 1998년부터 12승 4패 평균 자책점 2.76의 훌륭한 성적을 내며 선발진의 핵심으로 자리를 잡아 주었고, 1995년 인천고의 전국체전 우승을 이끌었던 유격수 박진만 역시 1996년에 입단해 곧장 주전 유격수 자리를 차지하더니 내친 김에 공수 양면에서 국내 최고 유격수라 불리기 시작했다.

그렇게 태평양 돌핀스 시절부터 쌓아 올린 정민태, 위재영, 정명원 등의 자산 위에 신인 김수경, 이적생 조규제와 임선동, 그리고 1998년부터 들어오기 시작한 외국인 투수들을 얹고 국내 최고의 투수 조련사인 김시진 투수 코치의 능력이 보태지자 현대 유니콘스의 마운드는 도무지 빈틈을 찾아볼 수 없는, 말 그대로 '투수 왕국'으로 탈바꿈하였다.

그뿐인가. 이적해 온 최고의 리드오프(1번 타자) 전준호로 시작해 박재홍, 김경기, 이숭용으로 이어지는 클린업 트리오. 그리고 2할 8푼대의 유격수 박진만과 20-20이 가능한 포수 박경완으로 채워진 하위 타선. 거기에 정진호 수비 코치와 김용달 타격 코치, 그리고 '여우'라는 별명이 모든 것을 표현해 주는 신임 감독 김재박의 능력과 재기와 열정이 버무려지면서 말 그대로 '공수 양면'에서 강력한 야수진 역시 완성되었다.

모두를 울린 감격의 첫 우승

현대 유니콘스는 창단 첫해인 1996년 곧장 한국 시리즈에 진출해 아직 서슬이 퍼렇던 '왕조시대'의 해태 타이거즈와 대등한 승부를 벌였으며, 1998년에는 2위 삼성과 무려 14경기 차가 벌어졌을 만큼 압도적인 기세로 독주하며 정규 시즌을 초토화시켰고, 한국 시리즈에서는 태평양 시절이던 4년 전 1994년 한국 시리즈에서 첫 좌절을 안겼던 숙적 LG 트윈스를 만나 정민태가 김용수와 두 차례 선발 맞대결을 벌여 2승을 얻고 2패를 안기며 4승 1패로 우승하는 통쾌한 복수극을 펼치기도 했다. 그 1998년 우승이 확정되던 10월 30일은, 선수들과 인천 시민들이 야구장에서 한데 엉켜 눈물을 흘렸던 전무후무한 날로 기억될 만하다.

"나는, 운동 오래 했지만, 사람들이 그렇게 펑펑 울면서 우리의 우승을 기뻐해 준다는 게 충격이었어. 딱 우승이 결정되는 순간, 야구장에 계신 분들이 다들 울고 계시더라니까. 아, 이분들에게 이게 이렇게 기다려지고 기쁜 일이었구나……."(김경기)

"마지막에 유지현 선수가 친 공을 중견수 보던 제가 잡았어요. 우승이 확정된 거잖아요. 그래서 너무 기뻐서 날뛰다가 그 공을 그냥

인천 연고 프로구단 사상 첫 한국 시리즈 우승을 확정하고 환호하는 현대 유니콘스 선수단 (사진: 연합뉴스)

관중석으로 집어 던져 버렸어요. 그런데 나중에 선배들
이 그 우승구 어딨냐고 묻더라고요. 관중석에 던졌다니
까, 그게 우리 구단, 우리 인천 연고지 역사상 첫 우승 공
인데 그걸 던지면 어떻게 하느냐고…… 혼 많이 났어
요."(이승용)

그리고 그날, 그 순간, 현대 유니콘스의 주장인 정명원은
마이크를 잡고 카메라 앞에 선 채 이렇게 말하며 눈물을 쏟
았다.

"같이 고생한 (최)창호랑 (박)정현이가 이 자리에 없는
게…… 가슴이 아픕니다."

1989년에 함께 인천 연고 팀 사상 첫 포스트시즌 진출을
이루어 내며 강팀으로 도약할 기틀을 놓았던 세 사람. 그
중 정명원은 여전히 에이스의 자리에서 인천 야구를 지키
고 있었다. 하지만 최창호는 내야진 보강을 위해 LG의 박
종호와 맞트레이드되어 맞은편 더그아웃에 있었고, 박정
현은 거듭된 부상에 시달리던 가운데 역시 불펜 강화를 위
해 쌍방울 레이더스의 조규제와 트레이드된 뒤였다. 그렇
게 두 사람이 전력 강화를 위한 불쏘시개가 되어 소진되어
버린 뒤였기에, 정명원은 당장 함께 우승을 일구어 준 동

료들에 앞서 '창호'와 '정현이'를 찾았던 것이다. 하지만 그 발언이 경솔하다고 나무라기는커녕 모든 선수와 팬들이 함께 흐느꼈던 것은, 바로 그 말과 그 이름에 함축된 고된 역사를 알고 이해하고 있었기 때문이었다.

그 뒤에도 현대는 2000년과 2003년, 2004년에 우승하며 IMF 경제 위기 와중에 좌초한 해태 타이거즈의 왕좌를 이어받은, 새로운 '왕조시대'의 주인공으로 떠오르기도 했다. 하지만 1998년의 첫 우승 이후의 영광들은, 적어도 인천에서는, 축하받기 어려운 것이 되어 버리고 말았다. 바로 2000년 1월, 전격적으로 단행된 연고지 이전 때문이었다.

현대 유니콘스?
SK 와이번스?

현대의 희망과 절망

1999년 시즌 뒤부터 "현대가 인천을 떠난다"는 소문이 돌기 시작했다. IMF 경제 위기 와중에 모기업이 무너지면서 해체된 쌍방울 레이더스의 선수들을 물려받아 신생 팀을 창단하는 SK가 전북 지역을 연고지로 물려받기를 거부했다는 소식에서 비롯한 것이었다. 그리고 SK가 연고지로 원한 것은 서울이었지만 현대가 서울 연고지에 대한 우선권을 주장하고 있어 SK가 인천으로 오는 쪽으로 정리가 되었다는 것이 그 구체적인 내용이었다. 하지만 현대 유니콘스의 구단 직원들은 사실 여부를 확인하려는 전화를 받을 때마다 "사실무근"이라고 답했다. 심지어 구단 홈페이지 대문에 "연고지 이전설은 전혀 사실무근이며, 우리 구단은 인천 팬들에게 더욱 보답하기 위한 방안을 연구 중"이라는 공지 글을 띄우기까지 했다. 하지만 해를 넘긴

2000년 소문은 그대로 사실로 드러났고, 3월 15일 한국야구위원회 (KBO) 이사회에서는 현대의 서울 이전이 공식적으로 결정되기까지 했다. 신생 팀 SK 와이번스가 인천 연고지를 물려받는 대가로 54억 원을 내면 그것을 서울 연고권을 가진 LG와 두산에 각각 27억씩 보상 금으로 지급한다는 것이 골자였고, 다만 1차 지명에 관한 문제 등을 풀기 위해 약간의 간격을 두고 2001년 후반기부터 서울로 이전하는 것으로 마무리되었다.

"이미 고위층에서 방침이 정해진 일이었거든. 처음부터 솔직히 밝혀야 하는 일이었어. 그런데 욕먹기 싫어서 거짓말로 이어 가다가 나중에야 말을 뒤집으니까 더 큰 문제가 됐지."(정봉규, 전 현대 유니콘스 운영팀)

드디어 대한민국의 중심 서울에서 새 출발을 하게 된 현대는 희망에 넘쳤다. 이미 두 팀이 홈으로 사용하고 있던 잠실야구장 대신 상암동에 전용 구장을 지어 쓰겠다는 구상을 발표하기도 했고, "한국의 뉴욕 양키스로 키우겠다"는 말도 거침없이 흘러나왔다. 하지만 공교롭게 바로 그 시점부터 모기업인 현대전자(현 하이닉스)가 자금난을 겪기 시작했고, 급기야 모기업으로부터의 지원금이 완전히 끊기는 사태로 이어지고 말았다. 상암동구장 신축은커녕 목동구장 개·보수 비용도 조달할 길이 사라졌고, 급한 대로 SK로부터 받은 54억 원으로 구단 운영을 하다 보니 LG와 두산에 줄 돈도 녹아 없어져 버리고 말았다. 당연히 서울 입성도 없던 일이 되어 버리고 만 것이다. 그렇게 현대 유니콘스는 '연고지 없는 팀'으로, 신생 팀 SK 와이번스의 제2 홈구장인 수원구장에 임시로 더부살이를 하며 연명을 하는 비참한 처지로 몰리고 말았다.

잔인한 선택 강요받은 인천 야구팬들

하지만 정작 비참한 것은, 그 우승을 기뻐하며 눈물까지 흘렸던 팀으로부터 졸지에 버림을 받게 된 인천의 야구팬들이었다. 김경기, 정민태, 위재영, 김수경, 박진만. 고등학생 시절부터 지켜보며 응원했던 선수들이 모여 있는 팀은 이제 더는 인천과 상관이 없는 팀이 되어 버렸고, 새로 지은 인천 문학야구장 홈팀 더그아웃에 짐을 풀고 앉아 있는 선수들은 태평양 돌핀스 시절 치열한 탈꼴찌 싸움을 벌이던 라이벌 쌍방울 레이더스 출신들인 상황. 어떤 이는 호적 파서 집 나간 친아들과 입양된 양아들 사이의 싸움을 보는 듯하다고 표현하기도 했던 기묘하고 가슴 아픈 풍경이 그래서 2000년대 초반 인천 야구장 관중석에 흐르던 공기였다.

"요즘에도 가끔 문학구장 가면 (김)경기 형, (박)재홍이, (박)진만이 만나서 그런 얘기를 해요. '여기가 우리가 뛰어야 할 곳이었는데……' 하고." (이숭용)

신생 팀 SK 와이번스는 인천에 뿌리내리기 위해 김경기를 2억 원의 현금트레이드로 영입했고, 박재홍과 박진만 역시 오랜 세월을 거치고 우여곡절을 거친 끝에 SK 와이번스로 와서 선수 생활의 마지막을 보냈거나, 보내고 있다. 반면, 이숭용·김수경 같은 선수들은 현대 유니콘스가 해체된 뒤 그 선수들을 물려받아 창단한 넥센 히어로즈에서 은퇴하기도 했다.

어쨌든, 그런 기묘한 상황은 인천 야구팬들에게 잔인한 선택을 강요했다. 그리고 어떤 선택을 하느냐에 따라 대략 세 갈래로 나뉘게 되었다. 정든 선수들이 대부분 남아 있는 팀 현대 유니콘스를 계속 응원하는 이들, 쉽지 않았지만 인천의 네 번째 주자인 SK 와이번스에 정을 붙이려고 노력해 보는 이들, 이 꼴 저 꼴 다 보기 싫다며 야구장 쪽으로 고개도 돌리지 않기로 결심을 하는 이들.

2002년에는 낡은 도원야구장을 대신할 새 야구장이 문학동에 지어져 문을 열었다. 관중 3만 명을 수용할 수 있는 거대한 규모에 아름다운 하프돔형 천연 잔디 구장. 하지만 그 멋진 야구장에 2006년까지 수년간 경기당 5천 명 남짓한 관중들만이 찾은 것은, 신생 팀으로서 어찌해 볼 수 없었던 초라한 성적을 올렸던 것 외에도, 그런 난감하고 가슴 아픈 사연들에서 원인을 찾을 수 있는 일이었다.

문학 야구장

2013년을 기준으로, 프로야구 주경기장 중에서 대한민국 최고의 시설을 갖춘 야구장은 단연 인천의 문학야구장이라고 할 수 있다. 내·외야 그라운드와 파울 존까지 거의 빈틈없이 파랗게 깔려 있는 국내 최고 수준의 천연 잔디에 보기에도 깔끔한 검은 흙으로 이루어진 내야 다이아몬드 존. 그리고 잠실야구장과 비슷한 2만 7,800개의 좌석이지만 회식과 더불어 쾌적한 단체 관람이 가능한 40개의 스카이 박스와 파티 덱, 바비큐 존, 그린 존(잔디밭 관람석)과 원두막 등 다른 야구장에서는 보기 어려운 다양한 콘셉트와 시설로 꾸며진 특별 좌석들. 게다가 꼭 야구 경기에 집중하지 않더라도 야구장 자체를 즐길 수 있도록 준비된 어린이 놀이 시설(와이번스 랜드와 모노레일 등)과 스포츠 체험 시설(SQ체험관 등), 여성 전용 편의 시설(파우더 룸, 수유실 등)을 두루 누릴 수 있는 곳. 경기장의 안이건 밖이건, 어떤 기준에서도 문학구장에 비할 수 있는 곳은 우리나라 안에는 아직 없다.

문학야구장은 1994년에 시작된 인천광역시의 '문학종합경기장 건립 사업'의 한 부분으로 지어졌다. 종합경기장 건설은 1999년에 인천에서 치르기로 예정되었던 제80회 전국체육대회를 위한 준비로서 처음 시작된 것이었는데, 얼마 뒤 한국이 일본과 공동으로 2002년 월드컵을 유치하기로 결정되자 그 대회의 보조 구장으로 활용하기 위해 축구장의 증축 결정이 이루어지기도 했다. 하지만 규모가 큰 건설 사업이었던 만큼 예산 조달 방안을 비롯한 여러 가지 문제들이 생기면서 공사가 예정보다 한참이나 늦어지고 말았고, 결국 전국체육대회 개최권이 반납되었다가 반려되는 우여곡절을 겪은 끝에 월드컵 개막을 앞둔 2002년 2월에야 경기장은 간신히 완공되기에 이르렀다.(1999년 전국체육대회는 기존의 숭의동 인천 종합경기장에서 치러야 했다.)

결국, 착공 당시와는 사뭇 달라진 환경 속에서 문학야구장은 2002년 2월 25일에 SK 와이번스의 홈구장으로 문을 열게 되었다. 그리고 그해 4월 9일, 한화 이글스와의 홈 개막전을 개장 기념 경기로 치른 것을 시작으로 드디어 문학야구장에서 프로야구 경기가 열리기 시작했다.

애초에 잠실야구장과 비슷한 크기로 그라운드를 설계하고 만들기는 했지만, 지금은 펜스를 5미터 가량 앞으로 당긴 다음, 원래 펜스와 새로이 만들어 세운 펜스 사이의 공간을 투수들이 몸을 풀면서 등판 준비를 하는 공간인 불펜으로 활용하고 있다. 그래서 문학야구장의 펜스는 가운데 담장이 120미터, 좌우측은 95미터로 잠실야구장보다 각각 5미터가 짧다.

스포테인먼트의 현장, 문학야구장(사진 제공: 박준수)

와이번스
왕조시대

사연 많은 두 인천 팀의 대결

　2000년, 첫선을 보인 SK 와이번스의 자리는 당연하다는 듯이 꼴찌였다. 그해의 신인왕 이승호와 외국인 투수 에르난데스(2001년 입단한 뒤 2002년 시즌 중 롯데로 트레이드되었는데 얼마 못 가 방출되었다)의 헌신적인 희생이 있었지만 신생 팀인 데다 모태가 된 선수들 역시 바로 전 시즌인 1999년에 97패의 역대 한 시즌 최다 패전 기록을 세우며 원년 삼미 못지않은 꼴찌의 전설을 써 내려 간 쌍방울 레이더스 출신이었기에 어쩔 수 없는 일이기도 했다.

　하지만 첫해를 제외하고는 다시는 꼴찌로 떨어지지 않고 급성장하는 모습을 보여 주었는데, 2001년에는 7위로, 2002년에는 6위로 한 걸음씩 올라서더니 신임 조범현 감독이 지휘한 2003년에는 4위로 정규 시즌을 통과한 뒤 준플레이오프와 플레이오프에서 삼성과 기아를 연파하고 일약 한국 시리즈로 올라서는 기염을 토해 내기도 했다. 창단 첫해부터 신생 팀 지원을 위해 보장받은 우선 지명권을 활용해 부지런히 불러 모은 채병용, 윤길현 등의 유망주들이 제 몫을 해내기 시작했을 뿐 아니라, 역시 빠른 전력 상승을 위해 자유계약이나 트레이드를 통해 끌어들인 박경완, 조웅천, 김기태, 이호준 같은 베테랑들이 상승작용을 하며 폭발해 준 덕분이었다.

게다가, 공교롭게도 그해는 모기업과 연고지로부터 보급이 완전히 끊긴 채 조금씩 쇠퇴해 가던 현대 유니콘스의 전성기 막바지였고, 그래서 한국 시리즈에서 '전(前) 인천 팀' 현대 유니콘스와 '현(現) 인천 팀' SK 와이번스가 맞대결하는 사연 많은 결전이 펼쳐졌다.

당초에 전문가들 사이에서 만장일치로 열세로 전망되었던 SK가 2, 3, 6차전을 따내며 7차전까지 가는 끈질긴 승부를 펼친 대단한 선전이었지만, 결과는 '역부족'이라는 단어 하나로 설명할 수 있는 시리즈였다. 결론은 1, 4, 7차전을 지배하며 혼자 3승과 1.69의 평균 자책점을 기록한 에이스 정민태의 활약에 힘입은 현대 유니콘스의 우승이었다.

신임 감독이 부임 첫해에 거둔 정규 시즌 4위와 한국 시리즈 준우승의 성적표. 당연히 좀 더 전진할 수 있는 희망이 보이는 해였지만, 그 뒤의 3년간 SK는 횡보했다. 2004년부터 2006년까지 5위, 3위, 6위. 그리 나쁘지는 않았지만 한 단계 올라서지 못하고 '중위권 팀'으로 체질이 굳어 가는 모습. 그리고 현대의 연고지 이전 사건부터 이어져 온 연고지 팬들과의 지지부진한 연대감. 2007년부터 시작될 '김성근'과 '스포테인먼트'의 태풍은 그런 배경에서 시작된 것이었다.

'스포테인먼트', 김성근, 그리고 팬들의 귀환

SK텔레콤 홍보실장 출신으로 2002년 시청 앞 광장 거리 응원 열풍을 만들어 내기도 했던 재기 넘치는 홍보맨인 신영철 사장이 와이번스에 부임한 것은 2005년이었다. 그리고 그가 칼을 빼든 것은 2007년이었다. 2년간 '현장 파악'을 마친 그는 "성적이 나면 팬들도 모일 것으로 기대하며 기다리는 천수답 경영을 벗어나야 한다"는 판단을 내렸고, '스포테인먼트'라는 슬로건을 들고 나왔다. 특이하고 생소한 표현이었지만, 야구단 역시 경영 마인드를 가지고 운영해야 한다는 너무나 상식적이고 기본적인 생각을 담은 말이었다. 손님(관중)을 만족시키기 위한 야구장 시설 개선, 직원들의 서비스 마인드 개선, 지역민과 밀착하고 유대감을 키우기 위한 각종 프로그램. 그리고 무엇보다도 지역민들을 기쁘게 할 수 있는 야구. 그를 위해 영입된 이가 바로, 1989년 인천 프로야구 사상 첫 포스트시즌 진출의 역사를 세웠던 김성근 감독이었다.

1989년에도 그랬듯, 김성근 감독은 이번에도 부임하자마자 선수단의 체질 개선을 단행했다. 지옥 같은 동계 훈련을 통해 가능성은 있지만 다듬어지지 않았던 정근우, 최정 같은 젊은 선수들의 기본기를 교정했고, 이전에는 주전 한 자리를 보장받던 박재홍, 이진영, 이호준 대신 박재상, 조동화, 김강민, 박정권 같은 대체 세력들을 중용했다. 시즌 중에는 다승왕 경쟁을 벌이던 외국인 투수 레이번을 주저 없이 2군으로 보냈다. 자유선수 계약을 앞둔 이진영과 박재홍이 출전 기회를

'스포테인먼트'를 앞세운 SK 와이번스는 꾸준한 성적으로 돌아선 인천 야구팬들의 마음을 되돌리는 데 성공했다.

(사진 제공: SK 와이번스)

잡지 못해 발을 구르는 상황, 그리고 김성근 감독의 애제자이기도 한 천하의 김재현마저 신인 이재원과 지명타자 자리를 나누어 출전해야 하는 상황 들이 연출되었다. 이름값과 아무 상관 없이 실력만으로 출전 기회를 나누는 무한 경쟁 시스템이었다.

그리고 역시 고착화해 가던 적당주의, 중위권이면 만족하는 보신주의와 그 밑바닥에 깔린 패배주의를 몰아내기 위해 시범 경기부터 전력 질주를 감행했고, 그 결과 2007년 시범 경기부터 시작해 정규 시즌의 마지막 날까지 단 한 순간도 1위 자리를 내주지 않는 사상 초유의 '촌놈 마라톤' 전술을 선보이기도 했다.

흘러간 지 얼마 되지 않은 일이기도 하고 또 해마다 별다른 것이 없는 '일관된' 흐름이었기에 간단히 정리하자면, 그 2007년부터 2010년까지 4년 동안 SK 와이번스는 내내 선두권에 머물며 해마다 한국 시리즈에 나갔고, 그중 3번은 우승을 했다. "최강팀"이라는 찬사를 넘어 "악마 같은 팀"이라는 질시를 한 몸에 모았고, 그럼에도 불구하고 4년 내내 한 치도 긴장을 풀지 않고 상대의 빈틈을 쪼아 대며 비난과 야유의 대상이 되기까지 했다.

"구단과 인천 연고지 사상 처음으로 우승을 이뤘고, 그 이듬해에 우승하면서 '창업보다 어렵다는 수성'을 했고, 그 이듬해에 우승을 놓쳤지만 다시 그다음 해에 우승하면서 '지키기보다 어렵다는 재탈환'을 했으니까…… 대단한 거지 싶어."(김성근)

2007년 한국 시리즈에서는 먼저 2패로 몰린 뒤에 역전 우승하는 사상 최초의 사례를 만들었고, 2008년에는 2000년 현대 이후 가장 높은 승률인 0.659로 우승하는 기록을 남겼으며, 2009년에는 플레이오프에서 먼저 2패로 막판에 몰렸다가 3연승으로 통과하는 신기록을 작성하기도 했다.

그 사이 세 갈래로 갈라졌던 인천 팬들이 대부분 돌아와 문학구장으로 몰려들었고, 거기에 마치 놀이공원처럼 단장된 야구장을 찾기 시작한 여성 팬, 어린이 팬들이 합세하여 문학구장의 경기당 관중 수가 1만 명 선을 돌파해 1만 5,000명 선으로 올라서기도 했다. 연고지 팬들에게마저 외면받던 '비인기 구단'이라는 지긋지긋한 꼬리표를 떼어내는 성과가 따라온 것이다.

말해 다오,
말해 다오,
연안부두 떠나는 배야

주전 배터리인 박경완과 김광현이 부상으로 이탈하는 등 숱한 악재가 터지긴 했지만 '이가 없으면 잇몸으로 버티는' 능력을 발휘하며 역시 치열한 선두 싸움을 벌여 나가던 2011년 8월 18일, SK 와이번스는 전격적으로 김성근 감독을 해임하고 만다. 감독 재계약 문제를 놓고 구단으로부터 모욕을 당했다고 생각한 김성근 감독이 그 하루 전 기자들 앞에서 "시즌 종료 후 옷을 벗겠다"고 선언한 데 대한 대응이었다. 물론 김성근 감독의 기자회견이나 구단 측의 해임 통보 모두 그 이전 한두 해 동안 구단과 선수단의 위상, 전력 보강, 구단의 비전 등을 놓고 숱한 이견과 불신이 쌓이고 쌓인 결과였고, 또한 그것이 감독 재계약 문제로 응축되어 번지며 이른 귀결이었다.

그 자세한 속사정에 대해서는 굳이 되새기지 않기로 한다. 결국 파경에 이르고 만 사정들에 대해서는 어느 쪽이든 억울한 바가 있고, 안타까운 바가 있는 법이며, 또 그 당사자들 외에는 알거나 이해하기 어려운 맥락도 있을 수밖에 없는 법이다. 하지만 분명한 것은, SK 구단이 보는 감독이란 사장의 방침에 따라 움직이는 '하청 업체 사장' 내지

인천이 자랑하는 명투수 최관수와 재일 교포 출신 야구인의 대표적인 이름인 김성근. 김성근(오른쪽)이 한 살 위로, 기업은행 시절 단짝이었던 최관수 커플의 소개를 통해 아내를 만나 결혼했을 만큼 두 사람의 우정은 깊었다. (사진 제공: 오성자)

는 '공장장' 정도의 위상인 데 반해, 김성근 감독이 보는 감독이란 선수단을 대표하는 수장이자 스승이자 아버지라는 뚜렷한 차이가 있었다는 점이다.

그 몇 년간 SK 와이번스가 거둔 성공에서 김성근 감독의 기여가 어느 정도의 비중을 차지하는가에 대해서도 이견은 있다. 결정적인 것이었다는 시선도 있고, 그저 꽤 중요한 부분이었다는 시선도 있다. 그의 해임이 발표된 뒤 팬들은 야구장에서 항의 시위를 벌이기도 하고, 신문에 비판 광고를 싣기도 하고, 또 그라운드에 국화꽃을 던지며 의사 표현을

하기도 했다. 물론 그 뒤에도 꾸준히 문학야구장을 채우는 관중들도 있고, 2011년과 2012년에도 선수들은 한국 시리즈에 진출하며 '6년 연속 한국 시리즈 진출'이라는 기록을 이어 가기도 했다. 하지만 그 역시 '김성근 시대'의 한 부분이고 파장이라는 점도 부정할 수 없다.

어쨌든 분명한 것은, 십수 년 전 인천 야구와 좋은 인연을 맺은 김성근이라는 인물이 다시 한 번 인천과 함께 웃는 세월을 보냈고, 또다시 가슴 쓰린 이별의 날을 만났다는 점이다. 그리고 그와의 두 번의 만남을 통해 인천의 야구는 다시 한 번 일어서는 계기를 만들었고, 그의 그림자 역시 인천에 여전히 짙게 드리워 있다는 점이다.

"처음에 태평양으로 인연을 맺었고, 나중에 SK로 또 가게 됐고. 원래 인천은 야구 도시니까. 암암리에 수면 아래서 인천 야구인들이 노력을 했지만, 이걸 세우지 못하는 걸 뭔가 보탬이 되고 싶다는 생각을 갖고 있었고. 실제로 인천에서 붐을 일으키지 못하면 우리나라 전체 야구에서 볼 때 밸런스가 깨지지 않나 이런 생각을 했어요." (김성근)

인천은 항구다. 그리고 항구는 늘 들어오는 이와 나가는 이들로 북적대는 곳이고, 그래서 늘 머무는 이들과 오가는 이들을 굳이 가리고 나누지 않는다. 인천에 야구의 씨앗을 뿌리고 꽃을 피운 황해도 출신의 유완식과 평안도 출신의 김선웅·박현덕이 있었다면, 현해탄을 건너와 그 반세기 뒤 시들어 가던 뿌리에 물을 주고 거름을 얹은 김성근이라는 이도 있었다. 인천의 아들 임호균과 재일 교포 장명부가 힘을 모을 때 웃을 수 있었고, 대구와 군산과 수원에서 온 최창호, 정명원, 박정현이 살려 낸 불씨에 인천의 정민태, 위재영, 김수경이 기름을 얹어 횃불을 만든 세월도 있었고, 멀리 태평양 건너편에서 베이브 루스의 후예들에게 야구를 한 수 가르치는 인천의 아들 류현진을 온 국민이 마음 모아 응원하는 날도 만나고 있는 것이다.

SK 와이번스의 홈경기가 열리는 문학구장에서는 8회 초 수비가 끝날 때마다 〈연안부두〉 1절을 합창한다. 3루 쪽 내야석의 1층과 2층을 나누는 공간에 설치된 가로 전광판에 가사가 지나가고 장내 스피커로 음악이 흐르면, 이기든 지든 새삼 흥을 돋워 3만 명이 합창하는 그 노

래가 종종 가슴을 울컥하게 만들곤 한다.

어쩌다 한번 오는 저 배는
무슨 사연 싣고 오길래
오는 사람 가는 사람
마음마다 설레게 하나
부두에 꿈을 두고 떠나는 배야
갈매기 우는 마음 너는 알겠지
말해 다오 말해 다오

연안부두 떠나는 배야

　그렇게 1절을 부르고 나면 8회 말 공격이 시작되고, 장내 방송은 끊어진다. 하지만 일단 발동이 걸린 흥에 시간제한은 없다. 관중석에서는 매번 2절을 마저 합창하고서야 분위기가 가라앉기 마련이다.

　바람이 불면 파도가 울고
　배 떠나면 나도 운단다
　안개 속에 가물가물

정든 사람 손을 흔드네
저무는 연안부두 외로운 불빛
홀로 선 이 마음을 달래 주는데
말해 다오 말해 다오
연안부두 떠나는 배야

"학생 시절에 인천에서 살았는데, 종종 연안부두에 앉아서 바다를
보면서 시간을 보내고 했어요. 그 시절에는 인천 연안부두가 지금처
럼 크지 않았고, 그래서 고깃배나 섬을 오가는 조그만 배들이 많이
드나들었거든요. 물론 간혹 외국을 오가는 배들도 있었고. 그래서
거기 앉아 있다 보면 이별하는 사람, 감격적으로 해후하는 사람, 망
망대해를 그저 바라보며 누군가를 기다리는 사람. 또 한쪽에는 생선
파는 사람, 손님 소매를 끌어당기는 작부, 그런 모습들을 항상 보곤
했죠. 그런 다양한 삶의 애환, 로맨스, 절망, 눈물과 기쁨, 그런 것들
이 가슴에 새겨져 있다가 나중에 노래 만드는 일을 하면서 한번 써

보게 된 것이죠."(조운파, 작사가)

가사 어느 곳에서도 '야구'라는 단어가 나오지 않을 뿐 아니라 '이겨라'나 '힘내라'라는 내용 비슷한 것조차도 없는 이 노래가 야구장에서 응원가로 불려야 할 이유는 찾기 어렵다. 곡조는 또 어떤가. 기타와 드럼과 전자오르간까지 동원해 연주한 노래치고 이보다 더 청승맞은 노래를 찾아보기 어려운 것도 사실이다.

그래서 어쩌면 1980년 5월의 한을 생각하지 않고는 부를 수 없었던 광주 무등야구장의 〈목포의 눈물〉처럼, 인천 도원야구장의 〈연안부두〉 역시 인천을 거쳐 간 야구팀들의 내력, 굳이 말하자면 꼴찌, 연패, 연패 신기록, 매각, 희망 고문, 다시 꼴찌, 다시 연패, 다시 연패 신기록, 다시 매각 따위로 동심원을 그려 갔던 사연들을 떠올리지 않고는 부를 수 없는 노래가 아닌가 싶다.

돈은 못 벌어도 좋으니 꼭 몸이나 건강히 돌아와 달라는 아내의 기도는 우승 꿈도 꾸지 않으니 꼴찌만 면해 달라는, 아니 내일부터 다시

져도 좋으니 일단 18연패 기록만은 깨지 말아 달라는 어느 소년 팬의 간절함으로 되살아나는 곳. 태풍 속에서 만선을 하고 돌아온 남편을 맞이하는 환희는 문득 도저히 때릴 수 없는 박철순의 공을 쳐서 홈런을 날리는 금광옥의 육중한 발걸음에 자지러지던 어느 아가씨의 비명으로 살아나는 곳. 생선 장수 대신 몰래 숨겨 들여온 소주와 담배를 파는 억센 아주머니들이 살아가고, 또 뜸하다 싶으면 '고별 경기'를 펼치며 "그동안 감사했다"는 달갑지 않은 인사를 되풀이 받아야 하는, 이별이 머물던 곳. 그렇게 인천에서 야구장은 그대로 항구였고, 그 옛날 조각배 드나들던 눈물 젖은 연안부두였다.

"사실, 야구장에서는 2009년에 시구를 하러 가서 처음으로 들어봤는데, 저도 수많은 팬들이 합창하는 노래를 들으면서 가슴이 뛰더라고요. 삼십 년이 지난 지금까지도 많은 분들이 그 노래를 함께 부르고 즐겨 주신다는 것이 너무 고맙지요. 저도 지금은 인천을 떠나서 서울에 삽니다만, 가끔 월미도 친수공원에 세워진 연안부두 노래

비를 보러 갑니다. 학창 시절에 제가 느끼고 노랫말로 적었던 것을 가지고 지금까지도 많은 인천 분들과 공감할 수 있다는 것이 너무나 감사한 일이고요."(조운파)

오면 가고, 가면 오는 것. 문득 가고 오지 않는 비극이 숨어 있어 늘 긴장하고 안타깝지만, 또 오랜 세월을 두고 보면 흘러가고 반복되고 대체되는 것. 항구의 삶이 그렇듯 야구 역시 그랬기에 인천은 야구의 도시가 되었는지도 모른다.

출루한 주자 하나를 돌아오게 하기 위해 보내기번트를 대고 도루를 하며 기를 쓰지만, 정작 득점은 병살타로 휑하니 비워 둔 다음에야 터져 나온 시원스런 홈런으로 만들어지기도 하는 야구. 그리고 '구도(球都)'로 시작해서 '꼴찌'로 전락했지만 다시 '최강 전설'로 거듭나기도 했던 인천 야구. 그래서 매일 똑같은 파도가 치는 허무한 바다에서 오히려 한 순간도 활력을 잃지 않는 것이 신기한 부둣가의 사람들과, 날마다 해마다 똑같은 공놀이에 평생 울고 웃는 야구팬들의 모습.

인천이 배출한 대표적인 포수 김동기(왼쪽), 투수 임호균(가운데)과 함께. 오른쪽은 필자.

야구는 무엇이고, 인연은 무엇이며, 삶은 또 무엇인가. 말해 다오, 말해 다오, 연안부두 떠나는 배야. 📝